CONTENIDO

INTELIGENCIA ARTIFICIAL

El compañero del ser humano

KOUADIO KONAN JOEL

INTELIGENCIA ARTIFICIAL

El Compañero Del Ser Humano

Prefacio

Introducción

- Cómo la IA está transformando nuestra vida diaria
- Una revolución accesible para todos
- Cómo beneficiarse de este libro

Parte 1: Ia Para La Vida Cotidiana

Objetivo : Descubrir cómo la IA hace más fácil la vida cotidiana y aprender a utilizarla de forma eficaz.

Capítulo 1: La Ia Como Asistente Personal

1. **Asistentes de voz y chatbots** (Siri, Alexa, ChatGPT, etc.)
2. **Organiza tu agenda con IA** (gestión del tiempo, recordatorios, automatización)
3. **Viaja y descubre el mundo usando IA** (traducción, rutas inteligentes)

Ejemplos : usar ChatGPT para planificar un viaje.
Ejercicio : Configure un asistente de IA para que ges-

tione las tareas de una semana.

Capítulo 2: La Ia Y El Hogar Inteligente

1. **Domótica y automatización del hogar** (casa conectada)
2. **Seguridad y vigilancia** (cámaras inteligentes, alarmas con IA)
3. **Optimización energética y confort** (termostatos e iluminación inteligentes)

Ejemplos : Controlar su hogar de forma remota con IA.
Ejercicio : Crea una rutina de domótica con IA.

Capítulo 3: Ia Y Comunicación

1. **Traducción y creación de contenidos en tiempo real**
2. **IA y redes sociales** (postgeneración, moderación automática)
3. **Inteligencia artificial para escribir y enviar correos electrónicos**

Ejemplos : escribir una publicación de blog con IA.
Ejercicio : Utilizar IA para optimizar sus correos electrónicos profesionales.

Capítulo 4: Ia Y Finanzas Personales

1. **Gestione su presupuesto con IA** (seguimiento de gastos, previsión financiera)

2. **Invertir de forma más inteligente con IA** (robo-advisors, análisis predictivos)
3. **Protege tus transacciones con IA**

Ejemplos : Simular una inversión con IA.

Ejercicio : Configure un asistente de inteligencia artificial para realizar un seguimiento de sus finanzas.

Parte 2: La Ia Como Herramienta De Trabajo Y Productividad

Objetivo : Aprender a utilizar la IA para ahorrar tiempo y mejorar su trabajo.

Capítulo 5: Automatizar Su Trabajo Con Ia

1. **Herramientas de automatización** (Zapier, Make, AutoGPT)
2. **Generación automática de documentos e informes**
3. **La IA en la gestión de proyectos**

Ejemplos : Cree un flujo de trabajo automatizado con Zapier.

Ejercicio : Automatizar una tarea administrativa con IA.

Capítulo 6: Ia Y Creatividad

1. **Crea imágenes y vídeos con IA** (DALL·E, Runway, MidJourney)

2. **Composición de música y sonido con IA**
3. **Cómo escribir un libro o un guión con IA**

Ejemplos : Generar una portada de libro con IA.
Ejercicio : Utilice IA para escribir un capítulo de un libro.

Capítulo 7: Ia Y Educación

1. **Aprendizaje personalizado con IA**
2. **Crea cursos y capacitaciones con IA**
3. **La IA como profesora y tutora personal**

Ejemplos : usar ChatGPT para aprender un nuevo idioma.
Ejercicio : Crea un cuestionario educativo con IA.

Capítulo 8: Ia Y Reclutamiento/Emprendi-miento

1. **Cómo usar la IA para mejorar tu CV y tu solici-tud**
2. **Construyendo un negocio con la ayuda de IA**
3. **Inteligencia artificial en marketing y gestión de clientes**

Ejemplos : Automatizar un plan de marketing con IA.
Ejercicio : Simular una entrevista de trabajo con una IA.

Parte 3: Ia En Salud Y Bienestar

Objetivo : Comprender cómo la IA mejora nuestra salud y calidad de vida.

Capítulo 9: Ia En Medicina Y Diagnóstico

1. **IA para detectar enfermedades**
2. **IA y telemedicina**
3. **Asistentes de inteligencia artificial para profesionales de la salud**

Ejemplos : Un chatbot de IA que ayuda a diagnosticar síntomas.

Ejercicio : Encuentra una IA que analice radiografías médicas.

Capítulo 10: Ia Y Nutrición

1. **Crea planes de alimentación personalizados con IA**
2. **Analiza tu consumo y evita el desperdicio**
3. **Seguimiento de la actividad física y la inteligencia artificial**

Ejemplos : Uso de IA para crear un programa de nutrición.

Ejercicio : Prueba de una aplicación de IA para seguimiento deportivo.

Capítulo 11: La Ia Y La Salud Mental

1. **Chatbots terapéuticos (Wysa , Replika , Woe-**

bot)

2. **Gestión del estrés con IA**
3. **Creando un equilibrio entre vida laboral y personal**

Ejemplos : Usar IA para meditar.
Ejercicio : Prueba de un chatbot terapéutico con IA.

Capítulo 12: Ia Y Longevidad

1. **Investigación en IA y aumento de la esperanza de vida**
2. **IA para genética y medicina predictiva**
3. **Avances en bioingeniería e IA**

Ejemplos : Simular una consulta de IA para el bienestar.
Ejercicio : Explore una herramienta de IA para predecir su salud futura.

Parte 4: Los Límites, Desafíos Y Futuro De La Ia

Objetivo : Explorar los desafíos éticos y anticipar el futuro de la IA.

Capítulo 13: Los Peligros De La Ia

1. **Sesgos algorítmicos**
2. **Los riesgos de las estafas y los deepfakes**
3. **Cuestiones de privacidad**

Ejemplos : Detectar un deepfake con IA.
Ejercicio : Encuentra una IA que proteja tus datos personales.

Capítulo 14: Ética Y Regulación De La Ia

1. **Las leyes vigentes y su evolución**
2. **La IA y el respeto a los derechos humanos**
3. **¿Podemos confiar en la IA?**

Ejemplos : Lea la política de IA ética de una empresa.
Ejercicio : Debatir un caso ético que involucre a la IA.

Capítulo 15: El Futuro De La Ia Y Los Humanos

1. **Hacia una IA aún más potente**
2. **Sinergias entre la IA y los humanos**
3. **¿Cómo adaptarse a esta revolución?**

Ejemplos : Explorar proyectos de IA futuristas.
Ejercicio : imagina un día en 2050 con IA.

Conclusión

- La IA es una oportunidad, no una amenaza
- Convertirse en un usuario informado de la IA
- Cómo seguir leyendo este libro

Vivimos tiempos extraordinarios. La inteligencia artificial (IA) está transformando el mundo a la velocidad del rayo, revolucionando la forma en que trabajamos, creamos, aprendemos e interactuamos con la tecnología. Lo que parecía ciencia ficción hace unas décadas es hoy una realidad omnipresente: asistentes virtuales capaces de responder nuestras preguntas, herramientas capaces de generar contenidos de calidad en segundos y algoritmos capaces de anticipar nuestras necesidades antes incluso de que las expresemos.

Pero más allá de los avances tecnológicos, surge una pregunta clave: **¿cómo podemos utilizar la IA para mejorar nuestra vida diaria y maximizar nuestro potencial?** Con demasiada frecuencia vemos la IA como un fenómeno reservado a ingenieros e investigadores, cuando se ha vuelto accesible a todos, lista para ser explotada para optimizar nuestra productividad, nuestra creatividad e incluso nuestro bienestar.

Éste es precisamente el objetivo de este libro. Este no es un manual técnico, sino una guía práctica que te mostrará **cómo la IA puede ayudarte de forma concreta, ya seas emprendedor, estudiante, creador, profesional o simplemente curioso** . Descubrirás cómo la IA puede automatizar tareas repetitivas, generar contenidos, mejorar tu aprendizaje e incluso apoyarte en tu desarrollo personal y profesional.

Sin embargo, este poder también conlleva **desafíos y responsabilidades** . El sesgo algorítmico, la protección de datos, la ética de la IA y sus implicaciones sociales son aspectos que debemos comprender para utilizar estas tecnologías de manera informada y beneficiosa. La IA no es un peligro absoluto ni una solución milagrosa: es una herramienta poderosa que, bien utilizada, puede impulsarnos hacia un futuro más eficiente y equilibrado.

A través de este libro, no solo aprenderás **a dominar las herramientas de IA existentes** , sino también **a anticiparte a los desarrollos futuros** para adaptarte mejor a ellos. Cada capítulo ofrece casos concretos, ejercicios prácticos y herramientas accesibles para que puedas empezar a integrar la IA en tu vida diaria hoy mismo.

El futuro pertenece a quienes saben **adaptarse y evolucionar con la tecnología** . Al leer este libro, ya estás dando un primer paso hacia esta transformación. **La IA está aquí. Depende de usted usarlo inteligentemente.**

¡Feliz lectura y bienvenido a la era de la inteligencia artificial!

Cómo La Ia Está Transformando Nuestra Vida Diaria

La inteligencia artificial (IA) está en todas partes hoy en día. Ya sea en nuestros teléfonos, nuestros hogares, nuestros automóviles o nuestros lugares de trabajo, da forma a la forma en que vivimos, nos comunicamos y trabajamos. Hace apenas unos años, la IA parecía ser dominio exclusivo de los expertos y las grandes empresas tecnológicas. Hoy en día, es accesible para todos y simplifica nuestras tareas diarias.

- **¿Escuchas música?** Plataformas como Spotify o YouTube utilizan IA para recomendar canciones que se adapten a tus gustos.
- **¿Quieres escribir un correo electrónico profesional o una publicación en las redes sociales?** Herramientas como ChatGPT y Jasper AI pueden ayudarte a generar contenido en segundos.
- **¿Buscas una ruta optimizada para evitar atascos?** Google Maps y Waze utilizan IA para analizar el tráfico en tiempo real y sugerir la mejor ruta.

La IA no reemplaza a los humanos, pero se convierte en un **compañero inteligente** , capaz de ayudarnos a realizar tareas de forma más rápida y eficiente.

Una Revolución Accesible Para Todos

A diferencia de algunas innovaciones del pasado, la IA no requiere que seas un experto en informática para beneficiarte de ella. Con herramientas sencillas e intuitivas, ahora está al alcance de todos.

- **Los empresarios** lo utilizan para automatizar su marketing, redactar textos y analizar tendencias.

- **Los estudiantes** lo utilizan para aprender de forma más efectiva gracias a tutores virtuales y generadores de resúmenes.

- **Los profesionales** optimizan su trabajo automatizando tareas repetitivas y tomando mejores decisiones a través del análisis de datos.

- **Artistas y creadores** exploran nuevas formas de expresión generando imágenes, música y textos innovadores.

La verdadera pregunta hoy no es "**¿Debería utilizar IA?**" , sino más bien "**¿Cómo puedo utilizarlo mejor para mejorar mi vida y mi trabajo?**"

¿Cómo Beneficiarse De Este Libro?

Este libro fue diseñado para ayudarle **a comprender, aprender y aplicar** la IA en su vida diaria y profesional. Está estructurado en **cuatro partes** , cada una de las cuales aborda un aspecto clave de la IA:

1. **La IA en la vida cotidiana** → Cómo facilita las tareas cotidianas (domótica, comunicación, finanzas, viajes).
2. **IA y productividad** → Cómo usarla para trabajar de forma más inteligente (automatización, creatividad, educación, emprendimiento).
3. **IA y salud** → Su impacto en la medicina, la nutrición y el bienestar.
4. **Desafíos y futuro de la IA** → Peligros, ética y perspectivas de futuro.

¿Cómo Utilizar Este Libro?

- **Lectura práctica** : cada capítulo contiene **ejemplos del mundo real** , **casos prácticos** y **ejercicios** para practicar el uso de IA de inmediato.
- **Aplicación directa** : Al final de cada capítulo encontrarás herramientas recomendadas y acciones concretas a implementar.
- **Aprendizaje progresivo** : Tanto si eres principiante como si ya estás familiarizado con la IA, podrás progresar a tu propio ritmo y elegir las partes que sean más relevantes para ti.

Al aplicar los consejos y ejercicios de este libro, descubrirás que **la IA no sólo es una herramienta futurista, sino un poderoso aliado para mejorar tu vida hoy** .

¿Estás listo para explorar lo que la IA puede hacer por ti? ¡Empecemos!

PARTE 1: IA PARA LA VIDA COTIDIANA

Objetivo : Descubrir cómo la IA hace más fácil la vida cotidiana y aprender a utilizarla de forma eficaz.

La inteligencia artificial es ahora un auténtico **asistente personal** capaz de apoyarnos en nuestras tareas diarias. Ya sea para gestionar nuestra agenda, responder a nuestras preguntas o incluso organizar nuestros viajes, la IA se ha convertido en un aliado imprescindible.

En este capítulo, exploraremos **tres formas concretas en las que** la IA puede facilitarte la vida:

1. **Asistentes de voz y chatbots**
2. **IA para organizar tu agenda**
3. **Viaja y descubre el mundo a través de la IA**

Cada sección contendrá **ejemplos concretos** , seguidos de un **ejercicio práctico** para ayudarle a integrar estas herramientas en su vida diaria.

---

1. Asistentes De Voz Y Chatbots: Un Compañero Inteligente Para El Día A Día

Los asistentes de voz y los chatbots se encuentran entre las herramientas de IA más populares. Utilizan **el procesamiento del lenguaje natural (PLN)** para comprender y responder a las solicitudes de los usuarios.

Ejemplos de asistentes de IA:

- **Siri (Apple)** : Puede enviar mensajes, establecer recordatorios, buscar información, etc.

- **Alexa (Amazon)** : controla la automatización del hogar, reproduce música y proporciona información meteorológica.
- **Asistente de Google** : te ayuda a buscar, programar citas y más.
- **ChatGPT** : un chatbot conversacional avanzado que puede ayudar a redactar correos electrónicos, intercambiar ideas e incluso explicar conceptos complejos.

Caso práctico: ¿Cómo utilizar ChatGPT para ahorrar tiempo?

Digamos que eres un emprendedor y quieres escribir una **carta profesional** . Puedes simplemente preguntarle a ChatGPT:

"Escríbeme un correo electrónico profesional para proponer una asociación a una empresa".

¡Y en unos segundos obtendrás una plantilla de correo electrónico que puedes personalizar!

2. Organiza Tu Agenda Con Ia

Una de las fortalezas de la IA es ayudar con **la gestión del tiempo y de las tareas** . Hay muchas aplicaciones impulsadas por IA que ayudan a automatizar la planificación y hacer que nuestro día sea más eficiente.

Herramientas de IA para la gestión del tiempo:

- **Google Calendar con IA** : sugiere automáticamente espacios para reuniones y envía recordatorios.

- **Notion AI** : ayuda a organizar tareas y resumir notas.
- **Todoist** : utiliza IA para priorizar las tareas más urgentes.
- **Reclaim AI** : Analiza tu agenda y optimiza la distribución de tus tareas.

Caso práctico: Utilizar IA para gestionar tu semana

Puedes decirle al Asistente de Google:

"Agrega un recordatorio para mi reunión con Paul el viernes a las 2 p. m."

O pregúntele a Notion AI:

"Organizar mi lista de tareas para el lunes en función de mis prioridades".

La IA se encarga luego de la planificación y te ayuda a estructurar mejor tu semana.

---

3. Viaja Y Descubre El Mundo A Través De La Ia

La IA también está transformando la forma en que viajamos. Gracias a algoritmos inteligentes, podemos **encontrar las mejores rutas, traducir conversaciones al instante y descubrir lugares ocultos** .

Herramientas de IA útiles para viajes:

- **Google Translate** : traduce textos y conversaciones en tiempo real.

- **Google Maps y Waze** : proporcionan rutas optimizadas para el tráfico.

- **Skyscanner y Hopper** : analiza los precios de los vuelos y predice los mejores momentos para reservar.

- **Reservas y Airbnb con IA** : recomienda alojamientos personalizados según tus preferencias.

Caso práctico: Planificación de un viaje con ChatGPT

Digamos que quieres planificar un viaje a Barcelona. Puedes preguntarle a ChatGPT:

"¿Podrías prepararme un itinerario de 3 días en Barcelona con visitas, restaurantes y consejos prácticos?"

¡En tan solo unos segundos obtendrás un plan detallado, ahorrándote un tiempo precioso!

Ejercicio: Configurar Un Asistente De Ia Para Que Se Encargue De Las Tareas De Una Semana

Objetivo: utilizar un asistente de inteligencia artificial (Google Assistant, Siri o ChatGPT) para optimizar tu semana.

Pasos:

1. **Programa tus citas** : usa Google Calendar o Todoist para agregar tus eventos importantes.

2. **Automatiza tus recordatorios** : configura Siri

o Google Assistant para que te envíen notificaciones sobre tareas importantes.

3. **Optimice su agenda** : pruebe Reclaim AI o
Notion AI para ver cómo distribuir mejor su
tiempo.

4. **Prueba ChatGPT para planificar una actividad** : pídele que te ayude a organizar un día
ajetreado.

Resultado esperado:

Al final de este ejercicio, tendrás una **semana bien orga-
nizada** , con recordatorios automatizados y una mejor
gestión del tiempo gracias a la IA.

Conclusión

La IA es **más que un simple dispositivo** : puede **sim-
plificar verdaderamente nuestra vida diaria** ayudán-
donos a administrar mejor nuestro tiempo, nuestras tareas e incluso nuestros viajes. Con herramientas como
ChatGPT, Google Assistant y Notion AI, podemos automatizar muchas acciones y ganar productividad.

La inteligencia artificial está transformando nuestros hogares en **espacios inteligentes y conectados** , donde se optimiza el confort, la seguridad y la eficiencia energética. Con IA, podemos **automatizar tareas, monitorear nuestros hogares de forma remota y reducir nuestro consumo de energía** .

En este capítulo veremos cómo la IA mejora nuestra vida diaria a través de tres aspectos esenciales:

1. **Domótica y automatización del hogar**
2. **Seguridad y vigilancia**
3. **Optimización energética y confort**

Cada sección incluirá **ejemplos del mundo real** , seguidos de un **ejercicio práctico** para configurar una casa inteligente con IA.

---

1. Domótica Y Automatización Del Hogar: La Casa Conectada

La domótica , o casa inteligente, se basa en dispositivos conectados capaces de interactuar entre sí y aprender de nuestros hábitos. Gracias a la IA, estos dispositivos se vuelven más **autónomos y responsivos** , permitiéndonos **controlar nuestra casa de forma remota** y automatizar ciertas acciones.

Ejemplos de dispositivos domésticos inteligentes:

- **Altavoces inteligentes (Amazon Echo, Google Nest , Apple HomePod)** → Comandos de voz para gestionar la casa.
- **Luces inteligentes (Philips Hue, LIFX)** → Ajuste la intensidad y el color según sea necesario.
- **Persianas y contraventanas automáticas** → Se abren y cierran según la hora o el clima.
- **Electrodomésticos conectados (frigoríficos, cafeteras, robots aspiradores)** → Funcionan de forma autónoma.

Caso práctico: Controlar tu hogar a distancia con IA

Puedes usar un altavoz inteligente para controlar diferentes dispositivos en tu hogar. Por ejemplo :

1. **Con Amazon Alexa o Google Assistant:**
   - *"Alexa, enciende las luces de la sala"*.
   - *"Google, establece la temperatura a 22°C"*.
2. **Con una aplicación móvil:**
   - Desde tu smartphone podrás encender o apagar las luces, comprobar si tus puertas están cerradas o activar un modo "ahorro de energía" con un solo clic.

La IA también aprende de tus hábitos. Por ejemplo,

puede **detectar que te despiertas a las 7 a. m. todos los días** y ajustar automáticamente la iluminación y la temperatura a esa hora.

2. Seguridad Y Vigilancia: Un Hogar Más Seguro Gracias A La Ia

La IA juega un papel clave en la mejora de **la seguridad del hogar** . Gracias a **las cámaras inteligentes, las alarmas conectadas y los sensores de movimiento** , es posible **monitorear tu hogar en tiempo real y ser alertado en caso de peligro** .

Tecnologías de seguridad basadas en IA:

- **Cámaras de seguridad inteligentes (Arlo , Nest Cam, Ring)** → Detectan intrusos y envían alertas en tiempo real.
- **Cerraduras conectadas (August, Yale, Nuki)** → Le permiten abrir y cerrar su puerta de forma remota.
- **Alarmas inteligentes (Somfy , SimpliSafe , Verisure)** → Analizan ruidos y distinguen un peligro real de un ruido inofensivo.
- **Sensores de movimiento y detectores de humo conectados** → Envíe notificaciones en caso de intrusión o incendio.

Caso práctico: Recibir una alerta de seguridad de IA en caso de intrusión

Digamos que estás viajando. Si una **Nest Cam detecta** un movimiento sospechoso fuera de tu puerta:

1. **La IA analiza la situación** → Distingue si se trata de un repartidor o de una persona desconocida.

2. **Recibirás una alerta en tu teléfono** con video en vivo.

3. **Puedes reaccionar inmediatamente** activando una alarma o contactando a la policía.

Las alarmas inteligentes también evitan **falsas alertas** al reconocer los sonidos de su perro o de un vecino que pasa.

---

3. Optimización Energética Y Confort: Una Casa Más Inteligente Y Económica

La IA también ayuda **a reducir el consumo de energía** , ajustando automáticamente la calefacción, la iluminación y los electrodomésticos en función de las necesidades reales.

Tecnologías para optimizar la energía:

- **Termostatos inteligentes (Nest , Ecobee , Tado)** → Regula la temperatura según tu presencia y el clima.

- **Enchufes inteligentes (TP-Link, Meross , Wemo)** → Cortan la energía a los dispositivos que no se utilizan.

- **Sensores de luz (Philips Hue, Lutron)** → Ajuste la iluminación en función de la luz natural.

- Sistemas solares inteligentes (Tesla Power-wall , Sonnen , Enphase) → Optimizan el uso de la energía solar.

Caso práctico: Reduce tu factura de la luz con un termostato inteligente

Instala un **termostato Nest** en tu casa:

1. **La IA aprende tus hábitos** → Detecta cuándo estás en casa y ajusta la temperatura en consecuencia.
2. **Adapta la calefacción al clima** → Si hace más calor de lo esperado, reduce automáticamente la calefacción.
3. **Ahorras energía** → ¡Hasta un 20% de descuento en tu factura de luz!

La IA te permite disfrutar de **una comodidad óptima sin desperdiciar energía** .

Ejercicio: Crea Una Rutina De Automatización Del Hogar Con Ia

Objetivo: Programar una rutina inteligente para automatizar ciertas tareas en tu hogar.

Pasos:

1. **Elija un asistente de inteligencia artificial** : utilice Google Assistant, Alexa o Apple HomeKit .
2. **Establezca una rutina matutina** :
   - A las 7 am: Encender las luces y ajustar

la temperatura a 22 °C.

- A las 7:10: Enciende la máquina de café.
- A las 7:30 a.m.: Lea las noticias de hoy con IA.

3. **Pruebe la rutina** : verifique que todo esté funcionando correctamente y ajústelo si es necesario.

4. **Crea una rutina para "salir de casa"** :
   - Apaga las luces, baja la calefacción y pon la alarma.

Resultado esperado:

Una casa que se adapta automáticamente a tu estilo de vida, **gana en confort y eficiencia energética** .

Conclusión

La inteligencia artificial permite transformar nuestros hogares en **espacios inteligentes** , donde **se optimiza la domótica, la seguridad y la gestión energética** . Gracias a los dispositivos conectados y a las rutinas automatizadas, podemos **ganar comodidad, tranquilidad y reducir nuestros costes energéticos** .

La inteligencia artificial está revolucionando la comunicación al hacer que la creación de contenidos sea más rápida, la traducción instantánea y la interacción en las redes sociales más eficiente. Gracias a la IA, es posible **escribir artículos, generar publicaciones, automatizar correos electrónicos e incluso moderar discusiones** en plataformas digitales.

1. **Traducción y creación de contenidos en tiempo real**
2. **IA y redes sociales (postgeneración, moderación automática)**
3. **Inteligencia artificial para escribir y enviar correos electrónicos**

Cada sección incluirá **ejemplos concretos** , seguidos de un **ejercicio práctico** para aprender a optimizar tus correos electrónicos profesionales con IA.

1. Traducción Y Creación De Contenidos En Tiempo Real

La IA facilita la comunicación entre personas de diferentes idiomas a través de **herramientas de traducción instantánea** y ayuda **a producir contenido de forma más rápida y eficiente** .

Herramientas de IA para traducción y creación de

contenidos:

- **Google Translate, DeepL, Microsoft Translator** → Traducción instantánea de textos y conversaciones.
- **ChatGPT, Jasper AI, Copy.ai** → Generación automática de artículos, descripciones y contenido de marketing.
- **Synthesia , Murf AI** → Creación de vídeos y locuciones a partir de textos.

Caso práctico: Traducir un documento instantáneamente con DeepL

1. Abra DeepL y pegue un texto en francés.
2. Seleccione el idioma de destino (inglés, español, alemán, etc.).
3. Observe la traducción fluida y natural generada en segundos.

Esta tecnología es útil para **viajeros, estudiantes y profesionales** que trabajan con documentos multilingües.

2. Ia Y Redes Sociales: Generación De Publicaciones Y Moderación Automática

La IA permite **a las empresas, creadores de contenido e influencers** optimizar su presencia en las redes sociales con herramientas automatizadas para **escribir publicaciones, analizar tendencias y moderar comentarios** .

Herramientas de IA para redes sociales:

- **ChatGPT, Jasper AI** → Escribir publicaciones

atractivas.

- **Canva AI, Runway ML** → Creación de imágenes y vídeos generados por IA.
- **Hootsuite , Buffer AI** → Programación y análisis de publicaciones.
- **Moderación de IA (Meta AI, OpenAI Moderation API)** → Detección de contenido inapropiado.

Caso de uso: Generar una publicación atractiva en Instagram con IA

1. **Elija un tema** (por ejemplo: "¿Cómo mantenerse productivo mientras se trabaja de forma remota?").

2. **Utilice ChatGPT** para generar un título atractivo:

   ◦ *"¡Trabajar desde casa puede ser un desafío! Aquí te dejamos 3 consejos para mantenerte motivado y concentrado. 🏠💻 #Teletrabajo #Productividad"*

3. **Agrega una imagen de IA con Canva AI** y publica tu publicación.

Con estas herramientas, es posible **ahorrar tiempo a la vez que se produce** contenido **relevante y atractivo** .

3. Ia Para Escribir Y Enviar Correos Electrónicos

La IA es un **poderoso asistente para escribir** , que ayuda a estructurar textos, reformular oraciones y optimizar correos electrónicos profesionales.

Herramientas de inteligencia artificial para escribir y enviar correos electrónicos:

- **Grammarly, LanguageTool** → Corrección y mejora de estilo.
- **ChatGPT, Rytr , Jasper AI** → Generación de artículos y correos electrónicos.
- **Editor Hemingway** → Simplificación y claridad de textos.
- **Flowrite , Smart Compose (Gmail)** → Redacción automática de correos electrónicos.

Caso práctico: Redacción de un artículo de blog con ChatGPT

1. **Elija un tema** (por ejemplo: "Los beneficios de la inteligencia artificial en la vida cotidiana").
2. **Solicite a ChatGPT un plan detallado** :
   - Introducción
   - La IA en el hogar
   - IA para la productividad
   - Conclusión
3. **Genere y refine texto** para obtener un artículo fluido e informativo.

Este método te permite **escribir un artículo en pocos minutos** , manteniendo un estilo natural y profesional.

Ejercicio: Cómo Utilizar La Ia Para Optimi-

zar Tus Correos Electrónicos Profesionales

Objetivo: Mejorar un correo electrónico utilizando inteligencia artificial de escritura.

Pasos:

1. **Escribe un correo electrónico clásico** :

   - Asunto: *Solicitud de cita para una colaboración*

   - Contenido :

   Hola [Nombre],
   me gustaría hablar contigo sobre una oportunidad de colaboración. ¿Estarías disponible esta semana? Saludos cordiales, [Tu nombre]

2. **Utilice ChatGPT o Grammarly** para mejorar el correo electrónico:

   - Asunto: *Oportunidad de colaboración – ¿Próxima reunión?*

   - Contenido optimizado:

   Hola [Nombre],
   espero que estés bien. Me gustaría ponerme en contacto con usted para discutir una colaboración que podría ser beneficiosa para ambos. ¿Podrías tener un espacio esta semana para hablar de ello? Espero poder hablar contigo. Un cordial saludo, [Tu nombre]

3. **Compare las dos versiones** y observe las mejoras en claridad e impacto.

Resultado esperado:

Un **correo electrónico más profesional, claro y atractivo** , aumentando las posibilidades de una respuesta positiva.

Conclusión

La inteligencia artificial es un **auténtico aliado de la comunicación** , facilitando la traducción, la creación de contenidos y la optimización de las interacciones en las redes sociales y por correo electrónico.

Con herramientas de IA es posible **ahorrar tiempo, mejorar la calidad de los mensajes y maximizar el impacto de las comunicaciones** .

La inteligencia artificial está transformando la gestión de las finanzas personales al hacer que el seguimiento de los gastos, las inversiones y la seguridad de las transacciones **sean más simples, eficientes y accesibles** .

En este capítulo veremos cómo **la IA puede ayudarte a administrar mejor tu dinero** a través de tres aspectos clave:

1. **Gestione su presupuesto con IA (seguimiento de gastos, previsión financiera)**
2. **Invertir de forma más inteligente con IA (robo-advisors, análisis predictivos)**
3. **Protege tus transacciones con IA**

Cada sección incluirá **ejemplos del mundo real** , seguidos de un **ejercicio práctico** para aprender a configurar un asistente de IA para realizar un seguimiento de sus finanzas.

1. Gestiona Tu Presupuesto Con Ia: Seguimiento De Gastos Y Previsión Financiera

Gracias a la IA, ahora es posible realizar **un seguimiento automático de tus finanzas, planificar tus gastos y optimizar tu presupuesto sin esfuerzo** .

Herramientas de IA para la gestión presupuestaria:

- **Bankin ', YNAB, Mint** → Seguimiento de gastos y presupuestación automatizados.
- **Plum , Cleo , Emma AI** → Asesoramiento financiero impulsado por IA.
- **Hojas de cálculo de Google con scripts de IA** → Pronósticos personalizados en Excel/Hojas de cálculo de Google.

Caso práctico: Utilizar Bankin ' para hacer el seguimiento de tus finanzas

1. **Conecta tus cuentas bancarias** a la aplicación.
2. **Analizar categorías de gastos** (alquiler, alimentos, entretenimiento, etc.).
3. **Recibe recomendaciones de IA** para ahorrar y anticipar tus pagos futuros.

Estas herramientas te permiten **visualizar claramente tus finanzas** , evitar **sobregiros** y **planificar mejor tus gastos** .

2. Invierta De Forma Más Inteligente Con Ia

La inteligencia artificial está revolucionando la inversión al ofrecer herramientas **de gestión automatizada y análisis predictivo** .

Herramientas de IA para invertir:

- **Robo-advisors (Wealthfront , Betterment , Yomoni , Nalo)** → Inversión automatizada según tu perfil.

- **Análisis de mercado IA (Trade Ideas , Kavout , Zignaly)** → Detección de oportunidades de inversión.

- **Plataformas de trading algorítmico (eToro , Binance AI, Robinhood AI)** → Estrategias automatizadas.

Caso práctico: Simulación de una inversión con IA

1. **Utilice un asesor robotizado** como Yomoni o Betterment .

2. **Define tu perfil de inversor** (cauteloso, equilibrado, dinámico).

3. **Vea cómo la IA asigna sus fondos** para optimizar su rendimiento.

Los robo-advisors te permiten **invertir de forma inteligente sin necesidad de experiencia** , minimizando los riesgos.

3. Proteja Sus Transacciones Con Ia

La IA juega un papel crucial en **la detección de fraudes y la protección de los pagos** .

Herramientas de IA para la seguridad financiera:

- **Sistemas antifraude bancario (Mastercard AI, Visa Advanced Authorization)** → Detección de transacciones sospechosas.

- **Autenticación biométrica (reconocimiento**

facial, **huellas dactilares)** → Pagos seguros.

· **Algoritmos de detección de phishing (Google Safe Navegación , Microsoft Defender AI)** → Protección contra estafas.

Caso práctico: Activar la protección con IA en tus pagos online

1. **Habilite la autenticación de dos factores (2FA)** en su banco en línea.

2. **Utilice un administrador de contraseñas de inteligencia artificial (Dashlane , LastPass)** para evitar la piratería.

3. **Monitorea tus transacciones con alertas de IA de tu banco** .

Estas soluciones refuerzan **la seguridad de tus finanzas** y previenen **los riesgos de ciberataques** .

Ejercicio: Configura Un Asistente De Ia Para Realizar Un Seguimiento De Tus Finanzas

Objetivo: Establecer un seguimiento financiero automatizado.

Pasos:

1. **Descargue una aplicación de presupuesto con inteligencia artificial** (por ejemplo: Bankin ', YNAB, Mint).

2. **Conecta tus cuentas bancarias** para centralizar tus finanzas.

3. **Crea categorías de gastos** y analiza a dónde va tu dinero.

4. **Establezca una meta de ahorro** y deje que la IA haga recomendaciones.

Resultado esperado:

Una **visión clara y automatizada** de tus finanzas, que te permitirá **optimizar tu presupuesto y ahorrar de forma efectiva** .

Conclusión

La inteligencia artificial **facilita la gestión de las finanzas personales** , ya sea para **realizar un seguimiento de los gastos, invertir de forma inteligente o asegurar las transacciones** .

Con las herramientas de IA adecuadas, es posible **administrar mejor su dinero, planificar el futuro y optimizar sus opciones financieras** .

Objetivo : Aprender a utilizar la IA para ahorrar tiempo y mejorar su trabajo.

La inteligencia artificial está transformando el mundo del trabajo al **automatizar tareas repetitivas** , optimizar **procesos** y **aumentar la productividad** . Este capítulo explora cómo utilizar la IA para automatizar una amplia variedad de tareas comerciales, ya sea **generar documentos** , **administrar proyectos** o **crear flujos de trabajo automatizados** .

1. Herramientas De Automatización Con Ia: Zapier, Make, Autogpt

Zapier:

Zapier es una plataforma de automatización que permite conectar diferentes herramientas y aplicaciones sin tener que escribir una línea de código. Permite crear **" Zaps "** , que son flujos de trabajo automatizados entre dos aplicaciones.

- **Ejemplos:**
  - **Envía un correo electrónico automático** cuando se complete un formulario en Formularios de Google .
  - **Agregue un evento** en Google Calendar cada vez que se cree un nuevo ticket en un sistema de gestión de proyectos

como Trello.

Marca (anteriormente Integromat):

Make permite crear **escenarios de automatización más complejos** conectando una gran cantidad de aplicaciones, con una interfaz visual y opciones avanzadas para usuarios experimentados.

- **Ejemplos:**
  - **Sincronice datos** entre Google Sheets, Slack y Dropbox.
  - **Automatice los procesos de facturación** generando y enviando facturas automáticamente después de recibir un pago.

GPT automático:

AutoGPT utiliza **inteligencia artificial para realizar tareas más complejas** que las simples automatizaciones de procesos. Puede comprender instrucciones y generar acciones inteligentes basadas en esas instrucciones, como escribir informes, organizar tareas u optimizar flujos de trabajo.

- **Ejemplos:**
  - **Escriba un** informe de rendimiento a partir de datos sin procesar en un archivo Excel.
  - **Genere un plan de proyecto detallado** basado en los criterios proporcionados por el usuario.

2. Generación Automática De Documentos E Informes

Uno de los usos más populares de la IA en el mundo profesional es **la generación de documentos** . Se pueden utilizar herramientas de inteligencia artificial como **ChatGPT** o **Jasper para escribir informes** , **correos electrónicos** , **propuestas comerciales** , **publicaciones de blogs** o cualquier otro tipo de contenido. La IA simplifica el proceso, ahorra tiempo valioso y aumenta la productividad.

Ejemplos de automatización de documentos:

- **Cree un informe de reunión automatizado** utilizando IA que transforme las notas tomadas durante la reunión en un informe estructurado.

- **Redacte un contrato personalizado** basado en la información específica que ingrese en un formulario.

- **Generar propuestas comerciales** en función de las necesidades del cliente, con información extraída de una base de datos.

Caso práctico: Generar un informe con IA:

1. **Preparar la información necesaria** (datos del análisis, puntos principales de la reunión, etc.).

2. **Utilice un asistente de inteligencia artificial** como ChatGPT para escribir un informe estructurado en minutos.

3. **Personalice el informe** agregando elementos específicos o anotaciones antes de enviarlo.

3. La Ia En La Gestión De Proyectos

Las herramientas de IA también se pueden utilizar para **mejorar la gestión de proyectos** automatizando tareas, rastreando el progreso y optimizando la colaboración entre equipos.

Herramientas de IA para la gestión de proyectos:

- **Asana, Trello, Monday.com con IA incorporada** : estas plataformas ofrecen **funciones automatizadas** , como la asignación automática de tareas o el envío de recordatorios en función de fechas límite.

- **ClickUp y Smartsheet** : estas herramientas ayudan a organizar **los flujos de trabajo y realizar un seguimiento** del rendimiento del equipo, con opciones de automatización avanzadas.

- **Pronóstico , Wrike** : estas herramientas utilizan IA para predecir **plazos** de proyectos , **priorizar tareas** y **asignar recursos** de forma óptima .

Ejemplos de automatización de la gestión de proyectos:

- **Asignación automática de tareas** en función de las habilidades y carga de trabajo de cada miembro del equipo.

- **Cree un cronograma de proyecto** y administre **fechas de vencimiento automatizadas** en función de los objetivos del proyecto.

Caso práctico: Crear un flujo de trabajo automatizado con Zapier:

1. **Crea un Zap** para conectar tu herramienta de gestión de proyectos (Trello, Asana, etc.) a tu calendario (Google Calendar).

2. **Configure notificaciones automáticas** para mantener a todos los miembros del equipo informados sobre las próximas tareas.

3. **Utilice la automatización** para generar un resumen semanal del progreso del proyecto.

Ejercicio: Automatizar Una Tarea Administrativa Con Ia

Objetivo: Automatizar una tarea administrativa recurrente.

Pasos:

1. **Identifique una tarea administrativa repetitiva** en su vida diaria (por ejemplo, administrar correos electrónicos, programar citas, realizar un seguimiento de los gastos, etc.).

2. **Elija una herramienta de automatización de IA** (Zapier, Make, AutoGPT).

3. **Cree un flujo de trabajo** que automatice esta tarea (por ejemplo, cree un Zap para organizar

automáticamente sus correos electrónicos en carpetas específicas).

4. **Pruebe el proceso** y observe cómo la herramienta de IA realiza la tarea de forma autónoma.

Resultado esperado:

Una **tarea administrativa que se realiza de forma automática**, ahorrando **tiempo** y **reduciendo errores humanos**.

Conclusión

La automatización a través de IA ayuda **a reducir las tareas repetitivas** y aumentar **la eficiencia** en todos los campos profesionales. Ya sea para la gestión de tareas administrativas, **la creación de documentos** o **la gestión de proyectos**, las herramientas de IA ofrecen soluciones potentes que **ahorran tiempo y le permiten centrarse en tareas de mayor valor añadido**.

La inteligencia artificial ha cambiado radicalmente la forma en que abordamos **la creatividad** . Ya sea **producir imágenes** , **componer música** , **escribir libros** o incluso **crear vídeos** , la IA permite a todos dar vida a sus ideas de una forma más rápida y accesible. Este capítulo explora cómo se puede utilizar la IA para **liberar el potencial creativo** de las personas, aprovechando herramientas poderosas que hacen que la creación sea más fluida y menos restringida.

1. Crea Imágenes Y Vídeos Con Ia (Dall·e, Runway, Midjourney)

La IA ahora permite **generar imágenes** a partir de descripciones de texto simples. Gracias a herramientas como **DALL·E** , **MidJourney** o **Runway** , ahora es posible crear **ilustraciones** , **diseños gráficos** , **portadas de libros** o incluso **obras de arte** en tan solo unos clics. Estas herramientas utilizan **algoritmos avanzados de generación de imágenes** para transformar palabras en elementos visuales.

Herramientas para crear imágenes:

- **DALL·E** : Un generador de imágenes basado en texto desarrollado por OpenAI. Permite crear ilustraciones e imágenes realistas o surrealistas simplemente ingresando una descripción de texto.

· **MidJourney** : Otra herramienta que ayuda a generar imágenes impactantes con palabras clave. Es especialmente apreciado por su capacidad para crear obras de arte únicas.

· **Runway** : una herramienta de creación visual y de video que utiliza IA para editar videos, generar imágenes y manipular elementos visuales de forma intuitiva.

Ejemplos de uso:

· **Crea una portada de libro** con DALL·E, ingresando una descripción del género, tema y tono del libro.

· **Genere imágenes para un sitio web** o **una publicación en las redes sociales** , según una paleta de colores y un estilo gráfico.

· **Cree un vídeo de presentación** generando imágenes y animaciones a partir de texto o un guión gráfico .

2. Compositor De Música Y Sonido Con Ia

La IA también se utiliza en **la composición musical y** la creación **de bandas sonoras** . Herramientas como **AIVA** , **Amper Music** y **JukeBox** permiten generar música en función del gusto, género o emoción deseada, sin necesidad de conocimientos técnicos musicales. Estas herramientas son capaces de crear piezas musicales completas, **componer partituras** e incluso **mezclar so-**

nidos .

Herramientas para componer música:

- **AIVA (Artista Virtual de Inteligencia Artificial)** : una herramienta de creación musical impulsada por IA que puede crear música de películas, música clásica o piezas de cualquier género.

- **Amper Music** : software de inteligencia artificial que te permite componer música seleccionando géneros, instrumentos y estados de ánimo. La herramienta genera piezas automáticamente.

- **JukeBox** : Desarrollado por OpenAI, genera pistas de música en varios estilos, analizando la música existente para reproducir su estilo.

Ejemplos de uso:

- **Componga una pieza musical** para acompañar un vídeo promocional, simplemente especificando el género, el ritmo y el estado de ánimo.

- **Crea una melodía personalizada** para un proyecto creativo, ya sea un videojuego, un anuncio o un evento.

- **Generar música de fondo** para un podcast o una presentación.

3. Escribe Un Libro O Un Guión Con Ia

Las herramientas de escritura impulsadas por inteligencia artificial han logrado avances impresionantes, permitiendo a los creadores **escribir libros** , **guiones** o **artículos** de forma más rápida y fluida. Plataformas como **ChatGPT** , **Sudowrite** o **Rytr** pueden generar **ideas de historias** , **sugerencias de diálogos** o incluso **capítulos completos** basándose en la información aportada por el usuario.

Herramientas para la escritura creativa:

- **ChatGPT** : Un modelo de lenguaje que permite **escribir textos** (capítulos de libros, diálogos, descripciones) sobre cualquier tema, adaptándose al tono y estilo elegidos.

- **Sudowrite** : un asistente de escritura que ayuda **a mejorar** y **acelerar** el proceso de creación de contenido, especialmente para escritores de ficción.

- **Rytr** : un generador de contenido de IA que ayuda a escribir artículos, historias o libros según palabras clave y preferencias de escritura.

Ejemplos de uso:

- **Escribir un capítulo de un libro** : utiliza una herramienta de inteligencia artificial para generar un capítulo de una historia a partir de una idea inicial (por ejemplo, un héroe que debe salvar a un pueblo de un desastre).

- **Crea un guión para una película o serie** : utiliza IA para generar diálogos, descripciones de escenas y desarrollos de la trama.

Ejemplos Prácticos:

Ejemplo 1: Generar una portada de libro con IA

1. **Elija un tema** para el libro (por ejemplo: ciencia ficción, romance, aventura).

2. **Utilice DALL·E** para generar una portada proporcionando una descripción detallada del estado de ánimo, los personajes o los elementos clave de la historia.

3. **Personaliza la imagen resultante** con software de diseño (como Canva o Photoshop) para agregar títulos e información adicional.

Ejemplo 2: Uso de IA para escribir un capítulo de un libro

1. **Elija un género de historia** (por ejemplo: suspenso, fantasía, comedia).

2. **Describe brevemente la trama** y los personajes principales a la IA.

3. **Ejecute la IA** para generar un primer borrador del capítulo, ajustando el tono y la estructura según las preferencias.

Ejercicio: Utilizar Ia Para Escribir Un Capítulo De Un Libro

Objetivo: Crear un primer borrador de un capítulo de un libro utilizando IA.

Pasos:

1. **Elija un género de libro** (ciencia ficción, fantasía, etc.) y una idea inicial (por ejemplo, un detective que investiga un caso misterioso).

2. **Utilice una herramienta como ChatGPT o Sudowrite** para generar un capítulo ingresando una breve descripción de la trama.

3. **Lea el texto generado** y luego realice ajustes o adiciones para personalizar el contenido y hacerlo único.

4. **Reutilizar la IA** para desarrollar otros capítulos o incluso perfeccionar el diálogo y la narración.

Conclusión

La inteligencia artificial abre infinitas posibilidades para **amplificar la creatividad** y dar vida a las ideas de forma rápida, accesible e innovadora. Ya sea que sea un artista, compositor, escritor o creador multimedia, la IA puede **liberar su potencial creativo** simplificando el proceso creativo y brindándole nuevas herramientas para explorar horizontes artísticos. En el próximo capítulo, exploraremos **el impacto de la IA en la productividad personal** y cómo utilizar estas herramientas para maximizar la eficiencia en sus proyectos creativos.

La inteligencia artificial está transformando profundamente el campo de la educación, ofreciendo nuevas oportunidades para **personalizar el aprendizaje** , **crear cursos de formación** y servir como **profesor virtual** . La IA permite a los estudiantes aprender a su propio ritmo, adaptar el contenido educativo a sus necesidades individuales y mejorar la eficiencia de los procesos educativos. Este capítulo explora cómo se puede utilizar la IA para reinventar la educación y hacer que el aprendizaje sea más accesible, atractivo y adaptado a cada estudiante.

1. Aprendizaje Personalizado Con Ia

Uno de los mayores beneficios de la IA en la educación es su capacidad de ofrecer **aprendizaje personalizado** . Con sistemas de IA inteligentes, los estudiantes pueden recibir contenido adaptado a sus **fortalezas** , **debilidades** y **preferencias de aprendizaje** . **Las plataformas de aprendizaje adaptativo** utilizan IA para analizar el progreso de los estudiantes, detectar brechas en la comprensión y ajustar las lecciones en consecuencia. Esto permite un **enfoque individualizado** que maximiza las posibilidades de éxito de cada alumno.

Ejemplos de herramientas para el aprendizaje personalizado:

- **Duolingo** : una aplicación de aprendizaje de

idiomas que utiliza IA para ajustar las lecciones según el nivel y los errores del usuario.

- **Khan Academy** : una plataforma educativa que utiliza IA para personalizar ejercicios en función del rendimiento de los estudiantes.

- **Socratic** : una herramienta impulsada por inteligencia artificial que ayuda a los estudiantes a resolver problemas de matemáticas o ciencias brindándoles explicaciones y orientación detalladas.

Ejemplos de aplicación:

- **Aprenda un nuevo idioma con Duolingo** , que adapta las lecciones según el progreso del alumno.

- **Utilice Khan Academy** para seguir un plan de estudios de matemáticas personalizado, ajustando los ejercicios en función de los resultados de las pruebas del estudiante.

2. Crea Cursos Y Capacitaciones Con Ia

Los profesores y formadores también pueden aprovechar la IA para diseñar **cursos** más interactivos y efectivos . La IA ayuda **a generar contenido educativo** , **crear materiales de cursos** adaptados a diferentes niveles de aprendizaje e incluso **automatizar ciertas tareas educativas** . Herramientas como **GPT-3** , **Lumen5** y **Articulate** permiten crear cursos de capacitación en línea, videos instructivos y módulos interactivos sin requerir habilidades técnicas avanzadas.

Ejemplos de herramientas para crear cursos:

- **GPT-3** : Un modelo de lenguaje que puede generar contenidos para cursos y ejercicios educativos, ya sean por **ejemplo problemas** o **explicaciones detalladas** .

- **Lumen5** : una herramienta que convierte texto en videos educativos, utilizando IA para crear videos atractivos e informativos a partir de guiones.

- **Articulate** : software que ayuda a diseñar capacitación interactiva, incluyendo elementos de IA para personalizar el contenido en función del rendimiento del alumno.

Ejemplos de aplicación:

- **Cree un curso en línea** sobre un tema específico (como biología o gestión del tiempo) utilizando GPT-3 para generar contenido de texto, pruebas y recursos complementarios.

- **Utilice Lumen5 para crear vídeos educativos** que expliquen conceptos complejos, como las leyes de la física o los conceptos básicos de programación.

3. La Ia Como Profesora Y Tutora Personal

La inteligencia artificial puede actuar como un **profesor virtual** o **un tutor personal** , proporcionando instrucción las 24 horas del día, los 7 días de la semana. Estos sistemas pueden responder las preguntas de los estudiantes, proporcionar explicaciones detalladas e incluso ofrecer sesiones de revisión basadas en el progreso individual. La IA es especialmente útil para **los estudiantes con necesidades especiales** o aquellos que desean aprender fuera del entorno escolar tradicional. También puede servir como **herramienta de revisión personalizada** , adaptándose a las debilidades de los estudiantes.

Ejemplos de herramientas de tutoría personal:

- **ChatGPT** : Un asistente virtual que puede responder preguntas, explicar conceptos complejos y ayudar a resolver ejercicios en tiempo real.

- **Quizlet** : una herramienta de estudio impulsada por inteligencia artificial que ayuda a crear tarjetas didácticas y cuestionarios interactivos adaptados al progreso de los estudiantes.

- **Coursera** y **edX** : estas plataformas de aprendizaje en línea utilizan IA para ofrecer cursos y ejercicios personalizados, ajustando la dificultad en función del desempeño del alumno.

Ejemplos de aplicación:

- **Utilice ChatGPT como su tutor personal** para aprender un tema difícil (por ejemplo, matemáticas avanzadas o química orgánica) haciendo preguntas y solicitando explicaciones detalladas.

- **Toma un curso en Coursera** que adapta el contenido y las evaluaciones en función de tu desempeño en módulos anteriores.

Ejemplos Prácticos:

Ejemplo 1: Uso de ChatGPT para aprender un nuevo idioma

1. **Elige el idioma** que quieras aprender (por ejemplo: español, alemán, japonés).
2. **Utilice ChatGPT** para practicar conversaciones, hacer preguntas sobre reglas gramaticales o solicitar traducciones.
3. **Obtén explicaciones detalladas** de aspectos lingüísticos que te están causando problemas, como la conjugación o los modismos.

Ejemplo 2: Crear un cuestionario educativo con IA

1. **Elija un tema** para el cuestionario (por ejemplo: historia, geografía, biología).
2. **Utilice un generador de cuestionarios de inteligencia artificial** (como Quizlet o GPT-3) para crear preguntas de opción múltiple o abiertas adaptadas a su nivel de conocimiento.
3. **Pon a prueba tu comprensión** del tema respondiendo el cuestionario generado por IA.

Ejercicio: Crea Un Cuestionario Educativo Con Ia

Objetivo: Crear un cuestionario interactivo para poner a prueba tus conocimientos sobre un tema específico.

Pasos:

1. **Elija un tema educativo** (por ejemplo, acontecimientos históricos importantes, reglas gramaticales de un idioma extranjero).

2. **Utilice ChatGPT** o un generador de cuestionarios de inteligencia artificial para crear preguntas adaptadas a su nivel.

3. **Completa el cuestionario** respondiendo las preguntas generadas y recibiendo explicaciones por tus errores.

4. **Realice el cuestionario varias veces** para comprobar su progreso y memorizar los puntos débiles.

Conclusión

La IA ofrece infinitas posibilidades para transformar la educación haciendo que el aprendizaje sea más **personalizado** , **accesible** y **efectivo** . Ya seas estudiante, profesor o creador de contenidos educativos, la IA te permite superar las barreras tradicionales, aprender a tu propio ritmo y crear formaciones innovadoras. En el próximo capítulo, exploraremos cómo se puede utilizar la IA para **mejorar la productividad** en el trabajo y los negocios.

La inteligencia artificial está transformando radicalmente los campos del **reclutamiento y** el emprendimiento . Desde el **proceso de reclutamiento** hasta **el
lanzamiento de una startup** , la IA ofrece herramientas
poderosas para **optimizar la búsqueda de empleo** , **mejorar las aplicaciones** , **crear y administrar negocios** e
incluso **automatizar las tareas de marketing y de los
clientes** . Este capítulo explora cómo se puede utilizar
la IA tanto para **tener éxito en el lugar de trabajo** como
para **iniciar y hacer crecer su negocio** .

1. Utilice La Ia Para Mejorar Su Cv Y Su Solicitud

En un mundo donde la competencia por cada puesto
es cada vez mayor, la IA puede ser un activo valioso
para hacer que su aplicación sea más visible y atractiva.
Las plataformas impulsadas por inteligencia artificial
ayudan a crear **currículos optimizados** que se adap-
tan a **los algoritmos de contratación** de las empresas .
Estas herramientas también te permiten personalizar
las cartas de presentación y hacer tu candidatura más
específica según la oferta de empleo. La IA puede analizar palabras clave, habilidades buscadas y asegurarse de
que su perfil se destaque.

Ejemplos de herramientas para mejorar tu CV:

- **Rezi** : un generador de currículums impulsado por inteligencia artificial que ayuda a crear currículums optimizados para los sistemas de seguimiento de solicitantes (ATS).

- **Jobscan** : Una plataforma que compara tu CV con una oferta de trabajo y te da consejos sobre cómo mejorarlo en función de palabras clave específicas.

- **Zety** : una herramienta que utiliza IA para generar cartas de presentación y currículums que aumentan tus posibilidades de ser notado.

Ejemplos de aplicación:

- **Optimice su CV con Rezi** , ajustando el contenido a los requisitos de los reclutadores.

- **Utilice Jobscan para analizar una oferta de trabajo** y ajustar su CV según las habilidades clave solicitadas por el empleador.

2. Crea Un Negocio Con La Ayuda De La Ia

La inteligencia artificial no sólo es útil para quienes buscan empleo, sino también para **emprendedores** y **startups** . La IA puede facilitar **las tareas de gestión** diaria , **el análisis del mercado** , **la identificación de tendencias** y **la gestión de operaciones** . Además, permite **probar ideas de negocio** , **generar planes de negocio** y crear productos o servicios basados en IA. Las herramientas de IA como **GPT-3** , **Canva AI** y **Shopify** también pueden automatizar procesos de marketing, proporcionar **análisis de datos** e incluso ayudar **a identificar oportunidades de mercado** .

Ejemplos de herramientas para crear un negocio con IA:

- **ChatGPT** : Uso de IA para escribir **planes de negocios** , propuestas de proyectos, estrategias de marketing e incluso generar ideas innovadoras para nuevos productos.

- **Shopify** : una plataforma de creación de sitios web de comercio electrónico que integra IA para ayudar a personalizar sitios, recomendar productos y optimizar la gestión del inventario.

- **Canva AI** : una herramienta de diseño que utiliza IA para crear imágenes profesionales para sitios web, anuncios y redes sociales.

Ejemplos de aplicación:

- **Utilice ChatGPT para escribir un plan de negocios** adaptado a un modelo de negocio específico (por ejemplo, un sitio web de comercio electrónico o una aplicación móvil).

- **Crea un sitio de comercio electrónico en Shopify** , utilizando IA para personalizar productos y optimizar las estrategias de ventas.

3. La Ia En El Marketing Y La Gestión De Clientes

La IA también está transformando **el marketing** y **la gestión de las relaciones con los clientes** (CRM). Con herramientas de IA, las empresas pueden **automatizar campañas de marketing** , **analizar comportamientos de compra** e incluso **predecir las necesidades de los clientes** . La IA ayuda a llegar a las personas adecuadas en el momento adecuado, mejorar la eficacia de la publicidad y personalizar la experiencia del cliente. Herramientas como **HubSpot AI** , **Mailchimp** y **Hootsuite** facilitan estos procesos.

Ejemplos de herramientas de marketing y gestión de clientes:

- **Mailchimp** : Una plataforma que utiliza IA para crear campañas de marketing por correo electrónico personalizadas y automatizadas, basadas en el comportamiento del usuario.

- **HubSpot AI** : un CRM inteligente que automatiza correos electrónicos, analiza datos de clientes potenciales y brinda recomendaciones sobre acciones a tomar.

- **Hootsuite** : una herramienta de gestión de redes sociales que utiliza IA para analizar el rendimiento de las publicaciones y optimizar las estrategias de contenido.

Ejemplos de aplicación:

- **Automatiza un plan de marketing** con Mailchimp, creando campañas personalizadas en función del comportamiento de compra del cliente.

- **Utilice HubSpot para realizar un seguimiento de las interacciones con los clientes** y mejorar las conversiones automatizando los correos electrónicos de seguimiento.

Ejemplos Prácticos:

Ejemplo 1: Automatizar un plan de marketing con IA

1. **Elija un producto o servicio** para promocionar (por ejemplo, una aplicación móvil, un producto de comercio electrónico).

2. **Utilice Mailchimp o HubSpot** para automatizar el envío de correos electrónicos personalizados en función de las acciones del usuario (por ejemplo, carrito abandonado, promociones especiales).

3. **Analice los resultados de las campañas** utilizando herramientas de IA para ajustar la estrategia de marketing y maximizar las ventas.

Ejemplo 2: Simular una entrevista de trabajo con una IA

1. **Utilice un simulador de entrevistas de trabajo con inteligencia artificial** (como **InterviewCoach**) para practicar cómo responder preguntas de la entrevista.

2. **Reciba comentarios instantáneos** sobre sus respuestas, su lenguaje corporal (si el video está habilitado) y la calidad de sus respuestas.

3. **Mejora tu rendimiento** repitiendo el ejercicio y siguiendo los consejos personalizados que te da la IA.

Ejercicio: Simular Una Entrevista De Trabajo Con Una Ia

Objetivo: Prepararse para una entrevista de trabajo simulando preguntas con una IA.

Pasos:

1. **Elija un puesto para la entrevista** (por ejemplo: gerente de marketing, desarrollador web, gerente de proyectos).

2. **Utilice una IA** (como InterviewCoach o ChatGPT) para simular una entrevista y hacer preguntas comunes como "Cuéntame sobre ti" o "¿Por qué quieres trabajar aquí?".

3. **Analiza las respuestas proporcionadas por la IA** y ajusta tu discurso en función de los consejos que te proporciona el simulador.

4. **Practica el ejercicio** para mejorar tus respuestas y tu nivel de confianza antes de la entrevista real.

Conclusión

La inteligencia artificial es una **herramienta esencial** para **quienes buscan empleo**, **emprendedores** y **comer-**

cializadores de hoy en día . No sólo facilita la búsqueda de empleo, sino también la creación y gestión de empresas, al tiempo que optimiza los procesos de marketing y gestión de clientes. Gracias a la IA, ahora es más fácil crear currículums impactantes, **lanzar una startup** con una gestión optimizada y **triunfar en el mundo empresarial** . En el próximo capítulo, exploraremos los **impactos de la IA en la atención médica** , un campo que está experimentando una revolución gracias a los avances tecnológicos.

PARTE 3: IA EN SALUD Y BIENESTAR

Objetivo : Comprender cómo la IA mejora nuestra salud y calidad de vida.

La inteligencia artificial (IA) ha transformado muchas industrias y la medicina no es una excepción. Gracias a **los avances en IA** , ahora es posible mejorar el diagnóstico, facilitar el acceso a la atención y hacer más eficientes los procesos médicos. Desde **la detección de enfermedades** hasta **la telemedicina** y **los asistentes inteligentes para profesionales de la salud** , la IA es un poderoso aliado de **la medicina moderna** . Este capítulo explora el impacto de la IA en la atención médica, cómo se utiliza para detectar enfermedades con mayor rapidez y precisión y cómo apoya a los médicos en sus tareas diarias.

1. Ia Para Detectar Enfermedades

Una de las áreas más prometedoras de la IA en medicina es **la detección de enfermedades** . Utilizando algoritmos de aprendizaje automático, la IA puede analizar enormes cantidades de datos médicos (imágenes, registros de pacientes, resultados de pruebas) para identificar patrones y realizar diagnósticos. Se utiliza en la detección del **cáncer** , **enfermedades cardíacas** , **trastornos neurológicos** y mucho más. Estas herramientas pueden detectar signos de enfermedad mucho antes, lo que permite un tratamiento más temprano y una mejor posibilidad de recuperación.

Ejemplos de IA para la detección de enfermedades:

- **DeepMind** (Google): la inteligencia artificial DeepMind de Google se ha utilizado para predecir **la disfunción renal** mediante el análisis de datos médicos de los pacientes.

- **IBM Watson for Health** : IBM Watson utiliza IA para analizar los registros médicos de los pacientes y ayudar a detectar enfermedades graves como **el cáncer** al interpretar los resultados de pruebas y análisis con mayor rapidez y precisión que los médicos.

- **IA en radiología** : IA como las desarrolladas por **Zebra Medical Vision** y **Aidoc** analizan radiografías, resonancias magnéticas y tomografías computarizadas para detectar anomalías en las imágenes médicas, como tumores o fracturas.

Ejemplos de aplicación:

- **Utilizando IBM Watson** para analizar un conjunto de resultados de pruebas e identificar posible cáncer de mama.

- **Usando Zebra Visión médica** para detectar anomalías en imágenes de rayos X, como un infarto de miocardio (ataque cardíaco).

2. Ia Y Telemedicina

La telemedicina ha experimentado una **revolución** con

la IA. Permite a los pacientes obtener atención médica a distancia, lo que es particularmente útil para quienes viven en zonas rurales o remotas. La IA desempeña un papel vital en la recopilación **de datos médicos** , el seguimiento de los pacientes y la toma **de decisiones** clínicas remotas . También permite automatizar ciertas tareas, como la gestión de recetas y la monitorización de constantes vitales en tiempo real.

Ejemplos de IA en telemedicina:

- **Babylon Health** : una aplicación que utiliza IA para hacer preguntas al paciente, evaluar sus síntomas y proporcionar un diagnóstico inicial. También conecta a los pacientes con profesionales sanitarios para su seguimiento remoto.

- **Ada Health** : una aplicación móvil que permite a los usuarios ingresar sus síntomas y obtener recomendaciones de diagnóstico. Ada utiliza IA para analizar datos de salud y ofrecer asesoramiento personalizado.

- **HealthTap** : un servicio de telemedicina que utiliza IA para proporcionar consultas virtuales. La IA ayuda a los médicos a proporcionar diagnósticos más rápidos analizando las respuestas de los pacientes y comparando los síntomas con bases de datos médicas.

Ejemplos de aplicación:

- **Utilice Babylon Health** para evaluar los síntomas y recibir una consulta médica a distancia.

- **Utilice Ada Health** para obtener un diagnóstico preliminar antes de consultar a un médico.

---

3. Asistentes De Inteligencia Artificial Para Profesionales Sanitarios

Los profesionales sanitarios utilizan cada vez más **asistentes de inteligencia artificial** para mejorar su eficiencia. Estas herramientas pueden ayudar **a automatizar tareas administrativas** , **gestionar registros médicos** e incluso brindar apoyo diagnóstico. La IA permite a los médicos centrarse más en interactuar con los pacientes, al tiempo que mejora la precisión del diagnóstico y reduce los errores médicos.

Ejemplos de asistentes de IA para profesionales sanitarios:

- **IBM Watson Assistant for Healthcare** : un asistente virtual que ayuda a los profesionales de la salud a acceder rápidamente a la información médica y procesar datos de los pacientes en tiempo real.
- **Viz.ai** : utiliza IA para alertar a los profesionales sanitarios en caso de una emergencia, como un accidente cerebrovascular, analizando imágenes médicas y enviando notificaciones a los médicos.
- **Updox** : una plataforma de inteligencia artificial que permite a los médicos gestionar las comunicaciones con sus pacientes, sus citas y sus

registros médicos de forma más eficiente.

Ejemplos de aplicación:

- **Utilice IBM Watson Assistant** para obtener rápidamente información del paciente y mejorar la eficiencia de la consulta.

- **Utilice Viz.ai para detectar un accidente cerebrovascular** y alertar inmediatamente al médico para una intervención rápida.

Ejemplos Prácticos:

Ejemplo 1: Un chatbot de IA para ayudar a diagnosticar síntomas

1. **Utilice un chatbot médico de inteligencia artificial** , como **Babylon Health** , para hacer preguntas sobre los síntomas de un paciente.

2. El chatbot analiza las respuestas y proporciona un **diagnóstico inicial** basado en los síntomas reportados.

3. El paciente recibe una **referencia a un especialista** o recomendaciones sobre el tratamiento a seguir.

Ejemplo 2: Encuentra una IA que analice radiografías médicas

1. **Usando Zebra Visión Médica** para descargar una radiografía o una exploración.

2. La IA analiza la imagen y proporciona un informe detallado sobre cualquier anomalía de-

tectada, como fracturas o signos de cáncer.

3. **Compare los resultados de IA** con los de un radiólogo para evaluar la precisión del diagnóstico.

Ejercicio: Encuentra Una Ia Que Analice Radiografías Médicas

Objetivo: Utilizar IA para analizar una imagen médica (radiografía, escáner, etc.) y comprender los resultados.

Pasos:

1. **Elija una plataforma de IA** que ofrezca análisis de imágenes médicas (por ejemplo: Zebra Visión Médica , Aidoc).

2. **Sube una imagen radiológica** (por ejemplo, una radiografía de tórax o una exploración cerebral) a la plataforma.

3. **Analizar los resultados** generados por la IA y examinar las anomalías detectadas.

4. **Compare los resultados** con las interpretaciones proporcionadas por un radiólogo o un profesional de la salud.

Conclusión

La IA en medicina es una auténtica revolución que permite **diagnósticos más rápidos y precisos** , **una mejor**

gestión de la atención remota y **una asistencia esencial** para los profesionales sanitarios. Ya sea **la detección de enfermedades**, **la telemedicina** o **los asistentes inteligentes** utilizados por los médicos, la IA está redefiniendo la forma en que se brinda la atención y cómo los profesionales interactúan con los pacientes. En el próximo capítulo, exploraremos el impacto de la IA en **las industrias creativas**, como **la música**, **el vídeo** y **el diseño**.

La inteligencia artificial está transformando la forma en que abordamos **la nutrición** y **la alimentación saludable** . Gracias a las herramientas basadas en IA, ahora es posible crear **planes de alimentación personalizados** , analizar **el consumo de alimentos en tiempo real** e incluso realizar un seguimiento de tu **estado físico** con mayor precisión. Este capítulo explora cómo la IA puede ayudarle a alcanzar sus objetivos nutricionales, evitar el desperdicio de alimentos y mejorar su bienestar general a través de recomendaciones personalizadas.

1. Crea Planes De Alimentación Personalizados Con Ia

La IA ayuda a crear **dietas personalizadas** según las necesidades individuales, como el peso, la edad, las preferencias alimentarias, las alergias y los objetivos de salud. Las herramientas de IA pueden analizar tus hábitos alimenticios y sugerir menús personalizados, teniendo en cuenta factores como tu **metabolismo** y **nivel de actividad** . Estas herramientas van mucho más allá de las recomendaciones estandarizadas creando **planes nutricionales dinámicos** que evolucionan en función de los resultados obtenidos.

Ejemplos de IA para crear planes de alimentación:

- **Eat This Much** : un generador de planes de

alimentación que crea menús personalizados según tus objetivos, preferencias dietéticas y presupuesto. La IA te ayuda a planificar las comidas según tus necesidades calóricas y nutricionales.

- **NutriCoach** : una aplicación de inteligencia artificial que te ayuda a elegir los mejores alimentos según tus necesidades nutricionales. Tiene en cuenta los hábitos alimentarios, las alergias y ofrece sugerencias de recetas saludables.

- **Lumen** : una tecnología impulsada por IA que mide tu metabolismo en tiempo real y brinda recomendaciones nutricionales personalizadas para optimizar el control del peso.

Ejemplos de aplicación:

- **Utilice Eat This Much** para crear un plan de alimentación personalizado basado en sus objetivos de salud (pérdida de peso, ganancia muscular, mantenimiento).

- **Utilice NutriCoach** para analizar sus hábitos alimentarios y obtener recomendaciones de comidas personalizadas.

2. Analiza Tu Consumo Y Evita El Desperdicio

La IA también es una herramienta poderosa para analizar tus hábitos alimentarios y reducir **el desperdicio de alimentos** . Al analizar tus **compras** , tu **stock de ali-**

mentos y tus **preferencias** , la IA puede ayudarte a evitar comer en exceso, recordarte la fecha de vencimiento de los productos y sugerirte soluciones para aprovechar lo que ya tienes en casa.

Ejemplos de IA para prevenir el desperdicio de alimentos:

- **Too Good To Go** : una aplicación que utiliza IA para conectar a los usuarios con tiendas de alimentos que tienen excedentes de alimentos para vender con descuento, reduciendo el desperdicio de alimentos.

- **Yummly :** La IA de Yummly ayuda a los usuarios a planificar las comidas en función de los ingredientes disponibles en casa, ofreciendo recetas personalizadas para evitar comprar ingredientes innecesarios.

- **Whisk** : una plataforma de inteligencia artificial que te ayuda a crear listas de compras basadas en tus preferencias alimentarias y lo que tienes en tu cocina, para limitar el desperdicio.

Ejemplos de aplicación:

- **Utilice Too Good To Go** para comprar comidas con descuento y reducir el desperdicio de alimentos apoyando a las empresas locales.

- **Utiliza Yummly** para encontrar recetas con ingredientes disponibles en casa, para que puedas gestionar mejor tu dieta.

3. Inteligencia Artificial Y Seguimiento Del Estado Físico

Un aspecto crucial de la nutrición es **la actividad física** , y la IA ahora puede **rastrear tu progreso físico** y brindarte asesoramiento personalizado. Ya sea para medir tu **actividad cardiovascular** , seguir tu **peso** u optimizar tu **entrenamiento deportivo** , la IA ofrece soluciones adaptadas a tus objetivos de salud y fitness.

Ejemplos de IA para el seguimiento de la actividad física:

- **MyFitnessPal** : esta aplicación utiliza IA para analizar tus hábitos de alimentación y ejercicio. Permite monitorear el consumo de macronutrientes (proteínas, carbohidratos, lípidos) y sugerir ajustes para mejorar la condición física.

- **Fitbit** : Una pulsera inteligente que utiliza IA para analizar tus movimientos, frecuencia cardíaca y otros parámetros fisiológicos. La IA ofrece recomendaciones para mejorar la intensidad y la duración de tus entrenamientos.

- **Strava** : Strava utiliza IA para realizar un seguimiento de tu rendimiento atlético, ya sea que estés corriendo, montando en bicicleta o realizando otras actividades. La aplicación proporciona comentarios personalizados sobre tu progreso y cómo mejorar tu rendimiento.

Ejemplos de aplicación:

- **Utilice MyFitnessPal** para realizar un seguimiento de sus comidas y ajustar su consumo en función de sus objetivos de salud.
- **Utilice Fitbit** para obtener un seguimiento personalizado de su actividad física y ajustar su plan de entrenamiento en consecuencia.

Ejemplos Prácticos:

Ejemplo 1: Uso de IA para crear un programa de nutrición personalizado

1. **Elija una aplicación de inteligencia artificial** como **Eat This Much** .
2. Ingrese sus objetivos (pérdida de peso, mantenimiento, ganancia muscular) así como sus preferencias y restricciones alimentarias.
3. La aplicación genera un **plan de alimentación personalizado** con recetas adaptadas a tus necesidades nutricionales.
4. **Realice un seguimiento de sus comidas** y ajuste el plan en función de sus resultados para obtener un programa más preciso.

Ejemplo 2: Prueba de una aplicación de IA para el seguimiento deportivo

1. **Descargue una aplicación** como **MyFitnessPal** o **Fitbit** .
2. Ingresa tus datos personales (peso, altura, objetivos) y comienza a registrar tus actividades

físicas diarias.

3. **Analice su progreso** basándose en los comentarios de la IA y ajuste sus hábitos alimenticios y su rutina de ejercicios en función de sus resultados.

Ejercicio: Prueba De Una Aplicación De Ia Para El Seguimiento Deportivo

Objetivo: utilizar una aplicación de inteligencia artificial para realizar un seguimiento de su progreso físico y ajustar su plan de dieta en consecuencia.

Pasos:

1. **Elija una aplicación de seguimiento** como **MyFitnessPal** o **Fitbit** .

2. Crea un perfil personalizado introduciendo tus datos personales y tus objetivos físicos (pérdida de peso, aumento de masa muscular, etc.).

3. Registra tus comidas y actividades físicas durante una semana.

4. **Revise los informes generados por IA** para ver si sus hábitos de alimentación y ejercicio están alineados con sus objetivos.

5. **Ajuste su dieta y plan de ejercicio** según las recomendaciones de IA para optimizar sus resultados.

Conclusión

La inteligencia artificial representa una auténtica revolución en el ámbito de **la nutrición** y **el seguimiento físico** . Permite crear **planes de alimentación personalizados** , analizar hábitos alimentarios para evitar desperdicios y realizar un seguimiento preciso de **la condición física** para mejorar el rendimiento. Al utilizar herramientas y aplicaciones impulsadas por IA, todos pueden alcanzar sus objetivos de salud de manera más eficiente y adaptada a sus necesidades personales. En el próximo capítulo, exploraremos cómo la IA puede mejorar **los procesos de gestión empresarial** y optimizar **las estrategias comerciales** .

La inteligencia artificial está desempeñando un papel cada vez más importante en el campo de **la salud mental** . Gracias a los avances tecnológicos, soluciones innovadoras como **los chatbots terapéuticos** y las aplicaciones de gestión del estrés ahora son accesibles para todos. Estas herramientas pueden ayudar a las personas a comprender y gestionar mejor su bienestar emocional, crear un **equilibrio saludable** entre su trabajo y su vida personal y utilizar métodos eficaces para reducir el estrés y la ansiedad. Este capítulo explora el impacto de la IA en **la salud mental** , con ejemplos prácticos y ejercicios para integrar estas herramientas en su vida diaria.

1. Chatbots Terapéuticos (Wysa , Replika , Woebot)

Los chatbots terapéuticos son programas de IA diseñados para simular la interacción humana y brindar apoyo emocional. Estas herramientas son especialmente útiles para las personas que buscan comprender mejor sus emociones, gestionar su estrés o simplemente hablar de sus preocupaciones de forma anónima.

Ejemplos de chatbots terapéuticos:

  · **Wysa** : Wysa es un chatbot terapéutico impulsado por IA que utiliza técnicas **de terapia cognitiva conductual (TCC)** para ayudar a los usuarios a controlar la ansiedad, la depresión, el estrés y otros problemas de salud mental. La aplicación presenta conversaciones interactivas y ejercicios prácticos para mejorar el bienestar mental.

- **Replika** : Replika es una aplicación de inteligencia artificial que actúa como un compañero virtual, proporcionando conversaciones e interacciones que ayudan a los usuarios a expresar sus sentimientos y mejorar su bienestar emocional. Replika se utiliza a menudo para combatir la soledad y brindar apoyo emocional.

- **Woebot** : Woebot es otro chatbot terapéutico que utiliza inteligencia artificial para ofrecer conversaciones basadas en los principios de la terapia cognitiva. Ayuda a los usuarios a identificar patrones de pensamiento negativos y desarrollar estrategias para mejorar su salud mental.

Ejemplos de aplicación:

- **Utilice Wysa** para realizar una sesión guiada de relajación y manejo del estrés.

- **Interactuar con Replika** para expresar emociones y discutir asuntos personales puede proporcionar cierto alivio emocional.

- **Chatea con Woebot** para identificar pensamientos negativos y obtener consejos para mejorar tu estado de ánimo.

2. Gestione El Estrés Con Ia

El estrés es **un** problema común en la vida cotidiana y la IA ofrece una variedad de herramientas para ayudar a controlarlo. Las aplicaciones de gestión del estrés con inteligencia artificial pueden utilizar técnicas como **meditación guiada** , ejercicios **de respiración profunda** y **temas de conversación relajantes** para ayudar a los usuarios a relajarse y encontrar soluciones prácticas para afrontar el estrés.

Ejemplos de herramientas para la gestión del estrés con IA:

- **Calm** : una aplicación popular que utiliza IA para guiar a los usuarios a través de **sesiones de meditación** y **ejercicios de relajación** . Calm ayuda a reducir la ansiedad y el estrés proporcionando herramientas para la atención plena y la respiración.

- **Headspace** : otra herramienta de IA que ofrece meditaciones guiadas, ejercicios de respiración y consejos para controlar el estrés. La aplicación ofrece programas personalizados según el nivel de estrés del usuario.

- **Breethe** : esta aplicación combina inteligencia artificial y atención plena para ayudar a los usuarios a reducir el estrés mediante **técnicas de relajación** , **afirmaciones positivas** y **ejerci-**

cios de respiración .

Ejemplos de aplicación:

- **Utilice Calm** para realizar una meditación de 10 minutos para reducir el estrés después de un día de trabajo.

- **Prueba Headspace** para seguir un programa diario de manejo del estrés basado en tu nivel de estrés y tus necesidades.

- **Siga los ejercicios de relajación en Breethe** para reenfocarse y reducir el estrés antes de una reunión importante.

3. Crea Un Equilibrio Entre Vida Laboral Y Personal

El trabajo a menudo puede interferir con la vida personal, causando estrés y sentimientos de sobrecarga. La IA puede ayudarte a encontrar un **equilibrio saludable** al ayudarte a administrar mejor tu agenda, establecer prioridades e incorporar la relajación a tu día. Esto es posible gracias a aplicaciones que optimizan la gestión del tiempo, como **asistentes inteligentes** y **herramientas de planificación personalizadas** .

Ejemplos de herramientas para crear equilibrio entre vida laboral y personal con IA:

- **RescueTime** : una herramienta que rastrea automáticamente el uso de tu tiempo y te ayuda a identificar cuándo estás demasiado concentrado en el trabajo, para que puedas animarte a tomar descansos y relajarte.

- **Trello con potenciadores de inteligencia artificial** : Trello, una herramienta de gestión de proyectos, ofrece potenciadores de inteligencia artificial que ayudan a organizar y priorizar mejor las tareas, liberando tiempo para la relajación y las actividades personales.

- **Focus@Will** : esta aplicación utiliza IA para crear listas de reproducción de música personalizadas que promueven la concentración, ayudándote a concentrarte mejor en tu trabajo y reduciendo el estrés causado por la sobrecarga de información.

Ejemplos de aplicación:

- **Utilice RescueTime** para identificar períodos de trabajo intenso y ajustar su agenda para incluir más tiempo de relajación.

- **Utilice Trello con potenciadores de inteligencia artificial** para organizar sus tareas y crear recordatorios para tomar descansos regulares.

- **Escucha Focus@Will** durante tu jornada laboral para mejorar tu concentración y reducir el estrés.

Ejemplos Prácticos:

Ejemplo 1: Uso de IA para meditar

1. **Elija una** aplicación de meditación como **Calm** o **Headspace** .

2. Seleccione un programa de meditación guiada de 10 a 20 minutos para controlar el estrés.

3. **Practica la meditación** y concéntrate en tu respiración durante toda la sesión.

4. **Evalúa tu nivel de estrés** antes y después de la sesión y ajusta tu rutina de meditación para que sea más efectiva a medida que avanza.

Ejemplo 2: Prueba de un chatbot terapéutico con IA

1. **Descargue Wysa o Replika** y cree un perfil.

2. **Inicie una conversación** con el chatbot, expresando sus emociones o hablando sobre un problema que desea abordar.

3. **Siga los consejos y ejercicios sugeridos por IA** para reducir la ansiedad o la soledad.

4. **Evalúe la efectividad** de la conversación y reajuste sus interacciones para obtener mejores respuestas y mayor apoyo.

Ejercicio: Probar Un Chatbot Terapéutico Con Ia

Objetivo: Interactuar con un chatbot terapéutico para evaluar su efectividad en el manejo del estrés y las emociones.

Pasos:

1. **Descarga Wysa , Replika o Woebot** y regístrate.

2. Inicia una conversación expresando una emoción (estrés, ansiedad, frustración) o compartiendo una situación que te moleste.

3. Siga las **instrucciones del chatbot** para practicar ejercicios de relajación, gestión del pensamiento o respiración.

4. **Califica tus emociones** antes y después de la interacción para evaluar los efectos inmediatos de la IA en tu bienestar emocional.

5. **Reflexione sobre la experiencia** : ¿La IA le ha ayudado a comprender o gestionar mejor su estrés? ¿Cómo podrías integrar esta herramienta en tu vida diaria?

Conclusión

La inteligencia artificial ofrece herramientas poderosas para cuidar **nuestra salud mental** . Ya sea a través de **chatbots terapéuticos** , aplicaciones **de gestión del estrés** o herramientas para crear un **equilibrio entre el trabajo y la vida personal** , la IA ofrece soluciones concretas para mejorar nuestro bienestar emocional. Al utilizar estas herramientas, todos pueden comprender y gestionar mejor su estrés, relajarse y crear un entorno más armonioso en su vida diaria.

La longevidad humana , o el aumento de la esperanza de vida saludable, es un campo en rápido crecimiento, en el que la inteligencia artificial (IA) desempeña un papel central en **la investigación médica** , **la genética** y **la medicina predictiva** . Los avances tecnológicos nos están permitiendo comprender mejor los mecanismos biológicos que rigen el envejecimiento y desarrollar posibles tratamientos para prolongar la vida mejorando la calidad de vida. En este capítulo, exploraremos cómo se utiliza la IA para mejorar la longevidad en campos como la genética, la medicina predictiva y la bioingeniería.

1. Investigación Sobre Ia Y Aumento De La Esperanza De Vida

La IA juega un papel importante en la investigación actual sobre el aumento **de la esperanza de vida** . Con poder computacional y algoritmos de IA, los científicos pueden analizar enormes cantidades de datos genéticos, ambientales y biomédicos para comprender mejor los factores del envejecimiento e identificar nuevas vías terapéuticas.

Ejemplos de investigación y aplicaciones:

- **Análisis de datos genéticos** : la IA se está utilizando para decodificar miles de millones de pares de bases en el ADN y detectar mutaciones genéticas que influyen en la longevidad. Esto permite orientar los tratamientos para retardar el envejecimiento celular y prevenir enfermedades relacionadas con la edad.

- **Modelado del envejecimiento** : los investigadores utilizan modelos de IA para simular el envejecimiento humano en diferentes niveles (células, tejidos, órganos) y probar tratamientos potenciales antes de aplicarlos en ensayos clínicos.

- **Optimización de los tratamientos antienvejecimiento** : la IA ayuda a diseñar moléculas capaces de ralentizar el envejecimiento celular, basándose en bases de datos de compuestos químicos y biológicos, e identificar fármacos prometedores más rápidamente.

2. Ia Para La Genética Y La Medicina Predictiva

La medicina predictiva utiliza IA para predecir riesgos futuros de enfermedades mediante el análisis de datos genéticos, ambientales y de comportamiento. En el área de la longevidad, la IA puede identificar a las personas en riesgo de sufrir enfermedades relacionadas con la edad, como **enfermedades cardíacas** , **diabetes** y **enfermedades neurodegenerativas** , incluso antes de que aparezcan los síntomas.

Ejemplos de aplicaciones en genética y medicina

predictiva:

- **Análisis del perfil genético** : la IA puede analizar tu ADN para predecir tus riesgos de enfermedades genéticas y ofrecer planes de prevención personalizados. Empresas como **23andMe** y **AncestryDNA** están integrando herramientas de IA para proporcionar información sobre la salud y la genética.

- **Predicción de enfermedades neurodegenerativas** : Empresas como **DeepMind** (filial de Google) están utilizando IA para analizar imágenes cerebrales y predecir la aparición de enfermedades como **el Alzheimer** o **el Parkinson** , permitiendo una detección más temprana y un tratamiento más rápido.

- **Seguimiento de la salud impulsado por IA** : aplicaciones como **IBM Watson Health** utilizan algoritmos de IA para analizar los datos de salud de una persona (historial médico, estilo de vida, etc.) y brindar recomendaciones personalizadas para mejorar la longevidad y prevenir enfermedades.

3. Avances En Bioingeniería E Ia

La IA también está ayudando **a revolucionar la bioingeniería** , una disciplina que combina los principios de la biología y la ingeniería para desarrollar tecnologías que puedan mejorar o reemplazar las funciones corporales humanas. Utilizando IA, los investigadores pueden crear **órganos artificiales** , **prótesis inteligentes** y **tejidos biológicos reparadores** .

Ejemplos de avances en bioingeniería gracias a la IA:

- **Órganos artificiales** : la IA está permitiendo el diseño de **corazones artificiales** , **pulmones bioimpresos** y otros órganos creados en laboratorio que pueden reemplazar órganos defectuosos o envejecidos, prolongando la vida de los pacientes.

- **Prótesis inteligentes** : la IA ayuda a diseñar prótesis más **reactivas** y **adaptables** , que se ajustan automáticamente a las necesidades del cuerpo humano, permitiendo a los amputados recuperar **una mejor movilidad** y una mejor calidad de vida.

- **Regeneración celular** : La investigación en bioingeniería e IA está explorando la posibilidad de **reparar células dañadas** o **reproducir tejidos vivos** , permitiendo regenerar partes del cuerpo humano y ralentizar el proceso de envejecimiento.

Ejemplos Prácticos:

Ejemplo 1: Simular una consulta de IA para el bienestar

1. **Descargue una aplicación de salud con inteli-**

gencia artificial como **Babylon Health** o **Ada Health** , que ofrece consultas médicas virtuales impulsadas por inteligencia artificial.

2. **Responda preguntas** sobre su salud, historial médico y hábitos de estilo de vida.

3. **Analice el diagnóstico generado por IA** y vea recomendaciones de salud basadas en su perfil.

4. **Incorpore estas recomendaciones** a su rutina para mejorar su bienestar y aumentar potencialmente su longevidad.

Ejemplo 2: Explorar una herramienta de IA para predecir su estado de salud futuro

1. **Utilice una herramienta de predicción de salud con inteligencia artificial** como **Lifelength** o **Arivale** , que analiza sus datos de salud (como sus hábitos alimenticios, actividad física, historial médico) y predice futuros riesgos de enfermedades.

2. **Reciba un informe personalizado** sobre los posibles riesgos para su salud, incluidas las enfermedades relacionadas con la edad.

3. **Implemente consejos** para reducir estos riesgos y mejorar su longevidad (por ejemplo, ajustando su dieta, rutina de ejercicios o manejo del estrés).

Ejercicio: Explore Una Herramienta De Ia Para Predecir Su Estado De Salud Futuro

Objetivo: Utilizar una aplicación de IA para analizar sus datos de salud y predecir su estado de salud futuro, particularmente en lo que respecta a la longevidad.

Pasos:

1. **Elija una aplicación de IA** que se centre en la predicción de la salud, como **Lifelength** o **IBM Watson Health** .

2. **Ingrese su información personal** : edad, sexo, historial médico, hábitos alimenticios, nivel de actividad física, etc.

3. **Analiza las recomendaciones** que propone la herramienta de IA respecto a tus riesgos de enfermedad y los pasos a seguir para mejorar tu salud.

4. **Adopte un estilo de vida más saludable** basándose en las predicciones y consejos proporcionados, para maximizar sus posibilidades de vivir una vida más saludable por más tiempo.

Conclusión

La inteligencia artificial abre muchas posibilidades para mejorar **la longevidad humana** , mediante su uso en áreas clave como **la genética** , **la medicina predictiva** y **la bioingeniería** . Al proporcionar herramientas poderosas para predecir futuros riesgos de enfermedades y optimizar los tratamientos médicos, la IA juega un papel vital en la prolongación de vidas saludables. Los ejemplos prácticos y ejercicios presentados en este capítulo muestran cómo se puede utilizar hoy la IA para mejorar nuestro bienestar y tomar decisiones informadas para una vida más larga y saludable.

Objetivo : Explorar los desafíos éticos y anticipar el futuro de la IA.

La inteligencia artificial, si bien ofrece muchas posibilidades fascinantes, también presenta **riesgos** y **peligros potenciales** que pueden afectar aspectos clave de la sociedad, como **la privacidad** , **la seguridad** y **la ética** . Este capítulo explora las preocupaciones clave relacionadas con el uso de la IA, incluido **el sesgo algorítmico** , los **riesgos de estafas y deepfakes** , y **las cuestiones de privacidad** . Comprender estos peligros es esencial para utilizar la IA de manera responsable e informada.

1. Sesgos Algorítmicos

El sesgo algorítmico se refiere a la existencia de sesgos en las decisiones tomadas por los algoritmos de IA. Estos sesgos pueden deberse a **datos sesgados** , **sesgos humanos** en los modelos de IA o **falta de diversidad** en los equipos de desarrollo. Como resultado, los sistemas de IA pueden reproducir o incluso amplificar la discriminación, ya sea basada en género , raza , edad **u** otros criterios.

Ejemplos de sesgo algorítmico:

- **Reclutamiento** : Un sistema de reclutamiento automatizado podría favorecer a los hombres sobre las mujeres si los datos de entrenamiento están sesgados hacia los candidatos masculinos.

- **Crédito y finanzas** : Los algoritmos de calificación crediticia pueden perjudicar a ciertas comunidades debido a sesgos en los datos históricos utilizados para predecir la solvencia.

- **Justicia** : Los algoritmos utilizados en el ámbito judicial pueden crear perfiles de riesgo sesgados, afectando las decisiones sobre libertad condicional o penas de prisión.

Soluciones para mitigar el sesgo algorítmico:

- Utilice **datos diversos** para entrenar modelos de IA.

- Desarrollar algoritmos **transparentes** y explicables para comprender las decisiones que toma la IA.

- **Auditar periódicamente** los sistemas de IA para detectar y corregir sesgos.

2. Riesgos De Estafas Y Deepfakes

Los deepfakes son vídeos, imágenes **o** grabaciones de audio que se manipulan mediante algoritmos de IA para crear representaciones falsas de personas o eventos. Estas tecnologías pueden usarse maliciosamente para **manipular la opinión pública** , **difamar a personas** o protegerse **de estafas** en línea .

Ejemplos de riesgos asociados a los deepfakes:

- **Manipulación política** : Los deepfakes pueden usarse para hacer que un líder o político diga cosas que nunca dijo, sembrando confusión y desinformación entre los ciudadanos.

- **Estafas financieras** : los estafadores pueden usar deepfakes para imitar voces o rostros de figuras confiables, engañando a las personas para que compartan información personal o realicen pagos fraudulentos.

- **Daño reputacional** : Las personas pueden ser víctimas de deepfakes que les atribuyen declaraciones o comportamientos que nunca realizaron, causando daño a su reputación profesional o personal.

Soluciones para detectar deepfakes:

- herramientas **de análisis de imágenes y vídeos** (por ejemplo, sistemas de inteligencia artificial que puedan detectar inconsistencias en los vídeos).

- tecnologías **de detección de deepfake** que verifiquen la autenticidad del contenido digital.

3. Cuestiones De Privacidad

La IA también plantea **cuestiones preocupantes sobre la privacidad** , ya que puede utilizarse para recopilar y analizar datos personales a gran escala. Esto incluye información como tus hábitos de navegación en Internet, tus preferencias de compra o incluso tus interacciones en redes sociales. Esta información puede utilizarse para enviarle publicidad personalizada o, en casos más graves, para violar su privacidad.

Ejemplos de riesgos a la privacidad:

- **Vigilancia masiva** : Los sistemas de reconocimiento facial pueden utilizarse para vigilar a la población en tiempo real sin su consentimiento, comprometiendo su libertad individual.

- **Recopilación de datos** : las empresas pueden recopilar datos personales para personalizar productos o servicios, pero estos datos también pueden revenderse o utilizarse con fines maliciosos.

- **Intrusión en las comunicaciones** : la IA puede utilizarse para analizar tus conversaciones privadas, a través de aplicaciones de mensajería o incluso asistentes de voz, poniendo en riesgo la confidencialidad de tus intercambios.

Soluciones para proteger la privacidad:

- herramientas **de cifrado** para proteger datos confidenciales.

- Esté atento a **los permisos de acceso a datos** en aplicaciones y servicios en línea.

- Elija plataformas que respeten **la privacidad del usuario** y ofrezcan **total transparencia** en el uso de datos.

Ejemplos Prácticos:

Ejemplo 1: Detección de un deepfake con IA

1. Utilice una herramienta como **Deepware Scanner** o **Sensity AI** , que está diseñada para analizar vídeos o imágenes y detectar signos de manipulación deepfake .

2. **Sube un vídeo** o contenido multimedia sospechoso que quieras analizar.

3. **Ejecute el análisis** con la herramienta de IA, que comparará el contenido con una base de datos para detectar signos de manipulación, como inconsistencias en los movimientos faciales o artefactos visuales.

4. **Revise los resultados** para determinar si el contenido es auténtico o manipulado.

Ejemplo 2: Encontrar una IA que proteja sus datos personales

1. Descargue una aplicación de privacidad como **DuckDuckGo** para navegar por la web de forma anónima o **ProtonVPN** para proteger su conexión a Internet.

2. **Habilite la configuración de privacidad** en las herramientas para ocultar su dirección IP, cifrar sus datos y evitar el seguimiento de sus actividades en línea.

3. **Verifique los permisos de las aplicaciones** en su teléfono o computadora para limitar el acceso a datos confidenciales.

4. **Monitorea las alertas de seguridad** que te notificarán sobre posibles violaciones a tu privacidad.

Ejercicio: Encuentra Una Ia Que Proteja Tus Datos Personales

Objetivo: utilizar IA para proteger mejor la información personal y garantizar la confidencialidad de sus datos en línea.

Pasos:

1. **Descarga una aplicación** como **Privacy.com** para administrar tus tarjetas de crédito virtuales y evitar compras en línea inseguras.

2. **Instale una VPN** como **NordVPN** o **ExpressVPN** para proteger su conexión a Internet y evitar que su actividad en línea sea rastreada.

3. **Revise su configuración de privacidad** en las redes sociales y servicios en línea que utiliza para asegurarse de que su información personal esté protegida.

4. **Pon a prueba la fortaleza de tus contraseñas** con herramientas como **1Password** o **LastPass**, que utilizan IA para ayudarte a crear contraseñas seguras.

Conclusión

Si bien la inteligencia artificial ofrece beneficios impresionantes, también conlleva riesgos que no deben ignorarse. **El sesgo algorítmico**, las falsificaciones profundas **y** los **problemas de privacidad** representan peligros que requieren soluciones proactivas para garantizar un uso responsable y ético de la IA. Al comprender estos peligros y utilizar herramientas de IA para protegernos, podemos beneficiarnos de la IA y minimizar los riesgos asociados.

La inteligencia artificial ha revolucionado muchas industrias, pero también plantea preguntas complejas sobre su impacto en la sociedad y los individuos. Este capítulo explora la ética y la regulación de la IA, con especial atención a **las leyes existentes**, **el respeto por los derechos humanos** y la **confianza** que se puede depositar en la IA. Comprender estas cuestiones es esencial para crear un marco en el que la IA pueda utilizarse de forma beneficiosa y minimizando sus riesgos y abusos.

1. Las Leyes Vigentes Y Su Evolución

El rápido desarrollo de la inteligencia artificial ha generado una conciencia global sobre la necesidad de regulación. Aunque existen muchas leyes para regular el uso de la IA, a menudo se consideran **insuficientes** dada la velocidad a la que evoluciona la tecnología.

Las principales legislaciones sobre IA:

- **El Reglamento Europeo sobre IA (AI Act)** : La Unión Europea ha introducido un marco legislativo destinado a regular los riesgos asociados a la IA en función de su **nivel de peligrosidad** . Este reglamento divide la IA en varias categorías, que van desde sistemas de bajo riesgo a sistemas de alto riesgo, e impone estrictas obligaciones de transparencia y rendición de cuentas.

- **Leyes de protección de datos (como el RGPD)** : estas leyes tienen como objetivo proteger los derechos de las personas con respecto a la recopilación y el procesamiento de sus datos personales por parte de los sistemas de IA. Imponen obligaciones de consentimiento, transparencia y seguridad de los datos.

- Legislación **sobre discriminación y prejuicios** : algunos países han comenzado a implementar leyes que prohíben la discriminación sistémica en las decisiones tomadas por IA, particularmente en las áreas de reclutamiento, crédito y justicia.

Los desafíos de la regulación:

- **Adaptabilidad** : La legislación a menudo tiene dificultades para seguir el ritmo de la rápida evolución de la IA, y las leyes se vuelven obsoletas frente a las nuevas capacidades tecnológicas.

- **Falta de consenso internacional** : los enfoques regulatorios varían considerablemente entre países, lo que crea un marco legislativo fragmentado y complica la gestión de la IA a escala global.

- **Impacto en la innovación** : Demasiada regulación puede sofocar la innovación, especialmente en áreas sensibles como **el reconocimiento facial** , **la autonomía de los vehículos** y la IA **en la atención médica** .

Ejemplo :

La **Ley Europea de IA** , actualmente en desarrollo, tiene como objetivo regular la IA centrándose en la gestión de riesgos, la transparencia de los sistemas de IA y la responsabilidad de las empresas que los utilizan.

2. La Ia Y El Respeto A Los Derechos Humanos

La IA, si está mal regulada, puede utilizarse para violar **derechos fundamentales** y **libertades individuales** . Las cuestiones éticas surgen particularmente en relación con el uso de la IA en áreas como **la vigilancia masiva** , **el reclutamiento** y el **sistema judicial** .

Los derechos humanos afectados por la IA:

- **El derecho a la privacidad** : los sistemas de vigilancia masiva, impulsados por inteligencia artificial, pueden violar la privacidad de las personas, particularmente en regímenes autoritarios o por parte de empresas que recopilan datos sin consentimiento explícito.

- **Igualdad y no discriminación** : la IA, si se alimenta con datos sesgados, puede reforzar estereotipos y reproducir discriminaciones, como las basadas en el género , **la raza o la edad** .

- **El derecho a la autonomía** : la creciente automatización de las decisiones puede restringir la autonomía de los individuos, en particular cuando se trata de decisiones tomadas por IA sin posibilidad de interacción humana (por ejemplo, decisiones legales o crediticias).

Ejemplos concretos:

- **Reconocimiento facial** : Países como China están utilizando el reconocimiento facial para monitorear a sus ciudadanos en tiempo real, una práctica que genera preocupaciones sobre violaciones de la privacidad y falta de consentimiento de quienes son monitoreados.

- **Reclutamiento automatizado** : las empresas están utilizando IA para automatizar los procesos de reclutamiento, pero estas IA pueden discriminar a los candidatos en función del género, la etnia u otros criterios irrelevantes.

Soluciones para respetar los derechos humanos:

- **Diseño ético** : Integrar **principios éticos** desde la fase de diseño de la IA, teniendo en cuenta los derechos fundamentales de las personas.

- **Auditoría y transparencia** : las empresas deben permitir **una auditoría independiente** de los sistemas de IA para garantizar que cumplen con los estándares éticos y los derechos humanos.

- **Consentimiento informado** : Obtener **el consentimiento informado** de los usuarios para el tratamiento de sus datos y garantizar **información clara** sobre cómo se utilizan los datos.

3. ¿Podemos Confiar En La Ia?

La confianza en la IA es un tema importante. La IA suele percibirse como una herramienta **objetiva** y **neutral** , pero en realidad es tan sesgada como los datos que la alimentan. Además, la **transparencia** de los algoritmos, su **capacidad para explicar sus decisiones** y su **fiabilidad** son cuestiones cruciales para garantizar la confianza en estos sistemas.

Los desafíos de la confianza:

- **Transparencia** : Las IA suelen considerarse como "cajas negras", donde es difícil entender cómo se tomó una decisión. Esto plantea preguntas sobre **la responsabilidad** en caso de error.

- **Confiabilidad** : ¿Podemos confiar en que una IA tome decisiones cruciales, por ejemplo en áreas de salud o justicia? Los errores pueden tener graves consecuencias y los sistemas de IA deben probarse rigurosamente para garantizar su confiabilidad.

- **Responsabilidad** : Si una IA comete un error, ¿quién es responsable? ¿La empresa que lo desarrolló, el usuario o el propio algoritmo? La cuestión de la responsabilidad aún no está clara.

Ejemplos de falta de confianza:

- **IA en la justicia** : se están utilizando sistemas de IA para predecir la probabilidad de que los delincuentes reincidan, pero estas predicciones han sido criticadas por carecer de transparencia y reproducir sesgos raciales.

- **IA en la atención médica** : el uso de IA para diagnosticar enfermedades ha generado inquietudes sobre la capacidad de los sistemas para detectar ciertas condiciones sin errores, así como para comprender su proceso de toma de decisiones.

Soluciones para generar confianza:

- **Explicabilidad de la IA** : desarrollo **de modelos de IA explicables** que permitan a los usuarios comprender cómo y por qué se tomó una decisión.

- **Pruebas y validación** : probar rigurosamente los sistemas de IA en condiciones del mundo real antes de implementarlos a escala.

- **Compromiso con la transparencia** : las empresas deben publicar **informes periódicos** sobre el impacto de sus tecnologías de IA y los esfuerzos que están realizando para hacerlas más seguras y transparentes.

Ejemplos Prácticos:

Ejemplo 1: Lectura de la política ética de IA de una empresa

1. Busque una **política de ética de IA** de una empresa tecnológica, como **Google** o **Microsoft** .

2. Analice cómo la empresa aborda cuestiones como **la privacidad**, **la transparencia**, **el sesgo algorítmico** y **la responsabilidad**.

3. **Compare** estas políticas para ver si algunas empresas tienen compromisos más sólidos que otras.

Ejemplo 2: Debate sobre un caso ético que involucra a la IA

1. Organice un debate grupal sobre un caso ético que involucre IA, como el uso de **robots** en hogares de ancianos o **la vigilancia masiva** con reconocimiento facial.

2. Analice los **beneficios** y **riesgos** de utilizar IA en este contexto.

3. Adoptar posiciones sobre cómo debe regularse la IA en estas áreas, teniendo en cuenta **los derechos humanos** y **la seguridad pública**.

Conclusión

La regulación y la ética de la IA son áreas cruciales para garantizar un uso justo, transparente y beneficioso de las tecnologías de inteligencia artificial. La legislación aún está evolucionando, pero el diálogo continuo sobre estas cuestiones es imperativo para garantizar que la IA respete **los derechos humanos** e inspire **confianza** entre los usuarios.

La inteligencia artificial (IA) está en constante evolución y su futuro plantea preguntas tan fascinantes como preocupantes. Las próximas décadas serán cruciales para determinar cómo interactuará la IA con la humanidad, cómo podría transformar nuestras vidas y nuestra sociedad y cómo nos adaptaremos a esta revolución tecnológica. En este capítulo, exploraremos **el futuro de la IA** , las **posibles sinergias entre la IA y los humanos** y cómo podemos **prepararnos y adaptarnos** a esta transformación.

1. Hacia Una Ia Aún Más Potente

La IA actual ya es increíblemente poderosa, pero está lejos de alcanzar su máximo potencial. El futuro de la IA podría ver **avances espectaculares** , con capacidades que superan ampliamente lo que podemos imaginar hoy.

Áreas de desarrollo:

- **IA general (AGI)** : a diferencia de la IA actual, que está especializada en tareas específicas, la IA general sería capaz de comprender y aprender cualquier tarea de la misma manera que un ser humano. Esto abriría el camino para sistemas de IA capaces de resolver problemas complejos en cualquier campo, desde la ciencia hasta el arte y la filosofía.

- **IA que se mejora a sí misma** : la IA podría **evolucionar por sí sola** , siendo capaz de mejorar sus propios algoritmos y optimizar su rendimiento de forma autónoma. Este proceso podría conducir a una evolución rápida e impredecible, más allá de las capacidades humanas de comprensión y control.

- **IA cuántica** : **La computación cuántica** podría revolucionar la IA, permitiendo cálculos mucho más rápidos y complejos, abriendo nuevas vías para la investigación en medicina, climatología e incluso en la creación de IA capaz de resolver problemas matemáticos que hoy en día son imposibles de abordar.

- **IA emocional** : la IA también podría llegar a comprender e interactuar con las emociones humanas de formas más auténticas. Esto podría transformar sectores como **la salud mental** , **el cuidado de personas mayores** y la educación , donde la empatía y la escucha son primordiales.

Ejemplo futurista:

proyecto **OpenAI GPT-10** podría convertirse en una IA capaz de comprender matices complejos en la comunicación humana, anticipar las emociones de los individuos y ajustar sus respuestas de forma intuitiva, proporcionando una interacción más fluida, empática e inteligente.

2. Sinergias Entre La Ia Y Los Humanos

En el futuro, la IA no sólo reemplazará a los humanos, sino que podrá **complementar** y **ampliar** nuestras capacidades. Las sinergias **entre la IA y los humanos** podrían ser la clave para nuestra evolución colectiva. En lugar de ver la IA como una amenaza para el empleo humano, es posible pensar en ella como una **herramienta de colaboración** que nos ayuda a llegar más lejos.

Oportunidades de colaboración:

- **Aumentar las capacidades humanas** : la IA podría aumentar nuestras capacidades cognitivas y físicas. Por ejemplo, **las prótesis inteligentes** o los implantes cerebrales podrían permitir a las personas con discapacidad recuperar la movilidad total o incluso mejorar las capacidades cognitivas humanas, como la memoria y la velocidad de procesamiento de la información.

- **Creación colectiva** : la IA podría convertirse en un **socio creativo** en campos como el arte, la música, la arquitectura y la escritura. Las IA podrían ayudar a co -crear obras artísticas interactuando con creadores humanos, aportando nuevas ideas o mejorando la producción artística.

- **Inteligencia aumentada** : los humanos podrían trabajar en conjunto con las IA para mejorar su toma de decisiones, ya sea en medicina , educación **o negocios** . La IA podría analizar grandes cantidades de datos y proporcionar información valiosa para ayudar a tomar decisiones más informadas y efectivas.

- **Predicción y prevención** : Combinando la inteligencia humana y la IA, podríamos anticipar crisis ambientales, sociales o económicas, gracias a análisis predictivos complejos. Esto permitiría una mejor **preparación** y una acción más rápida en caso necesario.

Ejemplo :

Los asistentes personales inteligentes del mañana no sólo podrían organizar nuestras agendas sino también aconsejarnos sobre las mejores decisiones a tomar para nuestro bienestar personal y profesional, teniendo en cuenta nuestras preferencias y objetivos de vida.

3. ¿Cómo Adaptarse A Esta Revolución?

A medida que la IA se vuelve cada vez más poderosa y omnipresente, es crucial prepararse para sus impactos en la sociedad y la economía. **Adaptarse a la revolución de la IA** requiere un cambio de mentalidad y la voluntad de aprender a vivir y trabajar en armonía con estas tecnologías.

Las habilidades requeridas:

- **Aprendizaje continuo** : dado que la IA evoluciona rápidamente, la capacitación continua será esencial para seguir siendo relevante en el mercado laboral. Adquirir habilidades en **ciencia de datos** , **programación** y **gestión de IA** será cada vez más importante, pero las habilidades en **creatividad** e **inteligencia emocional** seguirán siendo esenciales para complementar a las máquinas.

- **Adaptabilidad y flexibilidad** : Las personas necesitarán estar preparadas para reinventar sus carreras y desarrollar habilidades transversales que puedan aplicarse a diferentes sectores y tipos de trabajo.

- **Colaboración con IA** : Para aprovechar al máximo las sinergias entre la IA y los humanos, será necesario capacitar a los profesionales para colaborar con sistemas inteligentes, utilizando estas herramientas para aumentar su propia eficiencia.

- **Reflexión ética** : Será importante reflexionar sobre el impacto de la IA en la sociedad, abordando cuestiones de justicia, **prejuicios** y **responsabilidad** .

Desafíos sociales:

- **Disparidades económicas** : la automatización impulsada por IA podría conducir a **una mayor desigualdad** si ciertas regiones o clases sociales carecen de acceso a nuevas tecnologías. Será necesario implementar políticas públicas para garantizar una **distribución justa** de los beneficios de la IA.

- **Empleos y reconversión profesional** : algunos

empleos serán sustituidos por la IA, pero también se crearán nuevas profesiones. Será necesario poner en marcha programas **de reciclaje profesional** para ayudar a los trabajadores a adaptarse a esta nueva realidad.

Ejemplo futurista:

En las escuelas del futuro, los niños podrían interactuar con IA que se adapten a su estilo de aprendizaje, mientras son entrenados para comprender las implicaciones sociales y éticas de las tecnologías que utilizarán a lo largo de sus vidas.

Ejemplos Prácticos:

Ejemplo 1: Explorador de proyectos de IA futuristas

Explora algunos de los proyectos futuristas más prometedores en el campo de la IA:

- **IA en la agricultura** : descubra cómo se podría utilizar la IA para mejorar la producción de alimentos optimizando el uso de recursos y creando cultivos resistentes al clima.

- **IA en salud** : explore la investigación sobre sistemas de IA capaces de diagnosticar enfermedades raras o complejas y desarrollar tratamientos personalizados a escala.

- **Ciudades inteligentes** : Explore cómo la IA podría transformar nuestras ciudades en **ciudades inteligentes** donde el transporte, la energía y la gestión de residuos se optimizarían mediante sistemas inteligentes.

Ejercicio: Imagina un día en 2050 con IA

Imagine un día típico de trabajo en 2050, en un mundo donde la IA está integrada en casi todos los aspectos de la vida. Escribe una jornada **de 8 horas** que incluya el uso de IA en áreas como:

- Gestionar tu agenda
- Interacciones con IA para resolver problemas complejos
- Tecnologías de IA para mejorar tu bienestar y salud
- El impacto de la IA en tus interacciones sociales

Conclusión

La inteligencia artificial (IA) representa una oportunidad extraordinaria para la humanidad, mucho más que una amenaza. Al aprender a comprender y utilizar la IA de forma responsable, podemos transformar nuestras vidas y sociedades, optimizando nuestras capacidades, mejorando nuestras condiciones de trabajo y de salud y abriendo nuevas perspectivas en casi todos los ámbitos de la existencia humana. Sin embargo, para sacarle el máximo partido es fundamental prepararse para esta revolución tecnológica y dominar sus herramientas.

La Ia Es Una Oportunidad, No Una Amenaza

La IA ha sido vista durante mucho tiempo como una amenaza, a menudo alimentada por temores a la pérdida de empleo, la vigilancia o escenarios distópicos. Sin embargo, esta visión no tiene en cuenta las numerosas **oportunidades** que ofrece. Desde mejorar la productividad en las empresas hasta personalizar el aprendizaje para cada estudiante, la IA tiene el potencial de liberar tiempo y energía para centrarse en tareas más creativas, humanas y estratégicas.

La IA no está ahí para reemplazar a los humanos, sino para **complementar** y **amplificar** sus capacidades. Si se utiliza de forma inteligente y ética, la IA se convierte en un **socio poderoso** para resolver los desafíos más complejos de nuestro tiempo, como el cambio climático, las enfermedades incurables o la desigualdad económica.

Convertirse En Un Usuario Informado De La Ia

Para aprovechar al máximo la IA, es imprescindible convertirse en un **usuario informado** . Esto implica:

- **Comprenda los fundamentos de la IA** : aprenda qué son los algoritmos, las redes neuronales y cómo funciona la IA en contextos específicos.

- **Saber cómo utilizar las herramientas de IA de forma responsable** : no basta con saber que existen herramientas de IA, también es necesario saber cómo utilizarlas de forma correcta y ética. Ya sea para mejorar el trabajo, la creatividad o la gestión diaria, la IA es una herramienta poderosa que requiere discernimiento y responsabilidad.

- **Desarrollar la conciencia crítica** : la IA, aunque poderosa, no es infalible. Puede estar sujeto a prejuicios **y** sus decisiones deben ser examinadas minuciosamente. Comprender sus limitaciones y sesgos es crucial para evitar errores o injusticias en su uso.

- **Aprender a colaborar con la IA** : la IA puede aumentar nuestras capacidades humanas, pero para hacerlo necesitamos integrarla en nuestros procesos de toma de decisiones, nuestros flujos de trabajo y nuestras interacciones sociales. Saber cómo colaborar con una IA, en lugar de verla simplemente como una herramienta independiente, es esencial para maximizar su potencial.

Cómo Seguir Leyendo Este Libro

Este libro está diseñado para brindarle una descripción general de la IA, sus aplicaciones y su potencial. Sin embargo, el campo de la IA es amplio y está en constante evolución. Para ir más allá, aquí hay algunos pasos a seguir:

1. **Seguir formándose** : la IA está evolucionando rápidamente. Muchas plataformas en línea ofrecen capacitación gratuita o paga sobre temas como ciencia de datos, aprendizaje automático y aprendizaje profundo. Sitios como Coursera, Udemy y edX ofrecen cursos adecuados para todos los niveles.

2. **Explora herramientas de IA** : practica el uso de herramientas de IA gratuitas o accesibles, como ChatGPT, DALL·E o plataformas de aprendizaje automático como TensorFlow. Cuanto más experimentes, mejor comprenderás las posibilidades que ofrece la IA.

3. **Siga las noticias sobre IA** : lea artículos, blogs e investigaciones académicas sobre los últimos avances en IA. Seguir a expertos de la industria en plataformas como Twitter o LinkedIn también puede ser una excelente manera de mantenerse informado.

4. **Participe en comunidades de IA** : unirse a foros, grupos y comunidades en plataformas como Reddit, GitHub o Stack Overflow le permite hacer preguntas, intercambiar ideas y participar en proyectos del mundo real.

5. **Reflexiones sobre cuestiones éticas y sociales** : la IA plantea muchas cuestiones éticas. ¿Cómo regularlo? ¿Cuáles son las implicaciones para la privacidad y la seguridad? Es esencial mantenerse informado de los debates éti-

cos y políticos que se están desarrollando en torno a la IA, para ser un actor informado en esta evolución.

La inteligencia artificial ya no es sólo una visión futurista, está aquí, presente y en constante mejora. Transformará aún más radicalmente la forma en que trabajamos, vivimos e interactuamos en los próximos años. Se trata de una **revolución tecnológica** y, para aprovecharla, debemos adoptar un enfoque proactivo: aprender a comprender la IA, utilizarla de forma inteligente y tener en cuenta sus implicaciones éticas y sociales.

Los usuarios ilustrados de la IA serán aquellos que sepan cómo sacarle el mayor provecho sin dejar de ser conscientes de los desafíos y responsabilidades asociados a ella. La IA no es sólo una herramienta; Es una **oportunidad** para crear un futuro más inteligente, más equitativo y más humano.

Así pues, avancemos hacia ese futuro, con la convicción de que la IA y los humanos pueden avanzar juntos, de la mano, para construir un mundo mejor.

Fin del libro.